허필 시전집

역자 조남권(趙南權)은 1928년 충남 부여 출생으로 1989년 온지서당(溫知書堂)을 개설, 후학들에게 한적(漢籍) 강독을 실시하면서 한적의 국역 사업을 지속해 오고 있다. 1995년 3월 이래 한서대학교 부설 동양고전연구소 소장으로 재직 중이며, 사단법인 온지학회(溫知學會) 이사장을 역임했다. 『조용문선생집(趙龍門先生集)』, 『양심당집(養心堂集)』, 『죽계일기 상 · 하권』, 『역주악기(譯註樂記)』(공역), 『한국고전비평론자료집』 1~3권(공역), 『김택영의 조선시대사 韓史綮』(공역), 『혜환이용휴시전집』(공역), 『송구봉시전집』(공역), 『오언당음(五言唐音)』(공역), 『칠언당음(七言唐音)』(공역), 『중국화론(中國畵論)』 1~3권(공역), 『한국고전비평론』 1~4권(공역) 등 다수가 있다.

역자 박동욱(朴東昱)은 문학박사, 한양대학교 학부대학 조교수, 한서대학교 부설 동양고전연구소 연구위원이다. 일평(一平) 조남권(趙南權) 선생님께 삶과 한문을 배우고 있다. 2001년 『라쁠륨』 가을호에 현대시로 등단하였다. 저서로는 『혜환 이용휴 시전집』(공역), 『혜환 이용휴 산문전집』(공역), 『표암 강세황 산문전집』(공역), 『살아있는 한자교과서』(공저), 『아버지의 편지』(공저), 『이가환 시전집』(공역) 등이 있다. 그 외 다수의 논문이 있다.

한서대학교 부설 동양고전연구소 국역총서 27

허필 시전집

초판인쇄 2011년 4월 25일 **초판발행** 2011년 4월 30일
옮긴이 조남권 박동욱 **펴낸이** 박성모 **펴낸곳** 소명출판 **출판등록** 제13-522호
주소 서울시 서초구 서초동 1621-18 란빌딩 1층
전화 02-585-7840 **팩스** 02-585-7848 **전자우편** somyong@korea.com **홈페이지** www.somyong.co.kr

값 17,000원

ISBN 978-89-5626-591-9 04810

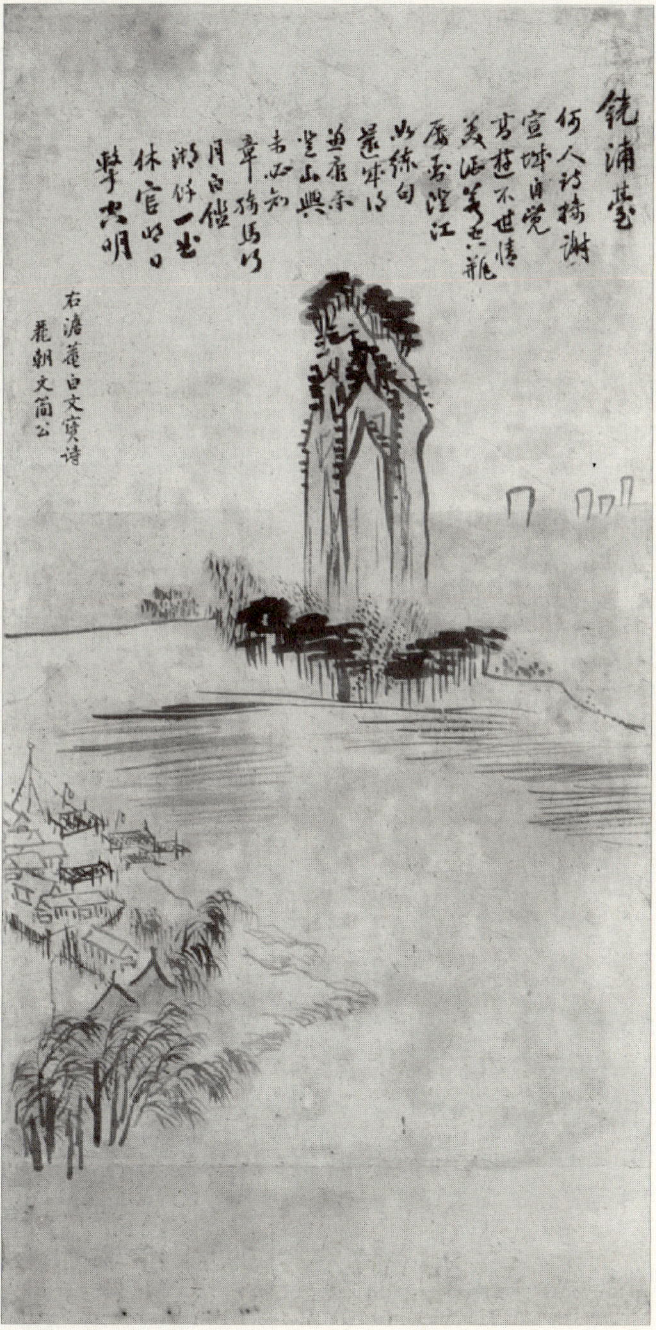

〈경포대(鏡浦臺)〉(선문대학교 박물관 소장)

〈낙산사(洛山寺)〉(선문대학교 박물관 소장)

〈망양정(望洋亭)〉(선문대학교 박물관 소장)

〈삼일포(三日浦)〉(선문대학교 박물관 소장)

〈월송정(越松亭)〉(선문대학교 박물관 소장)

〈총석정(叢石亭)〉(선문대학교 박물관 소장)

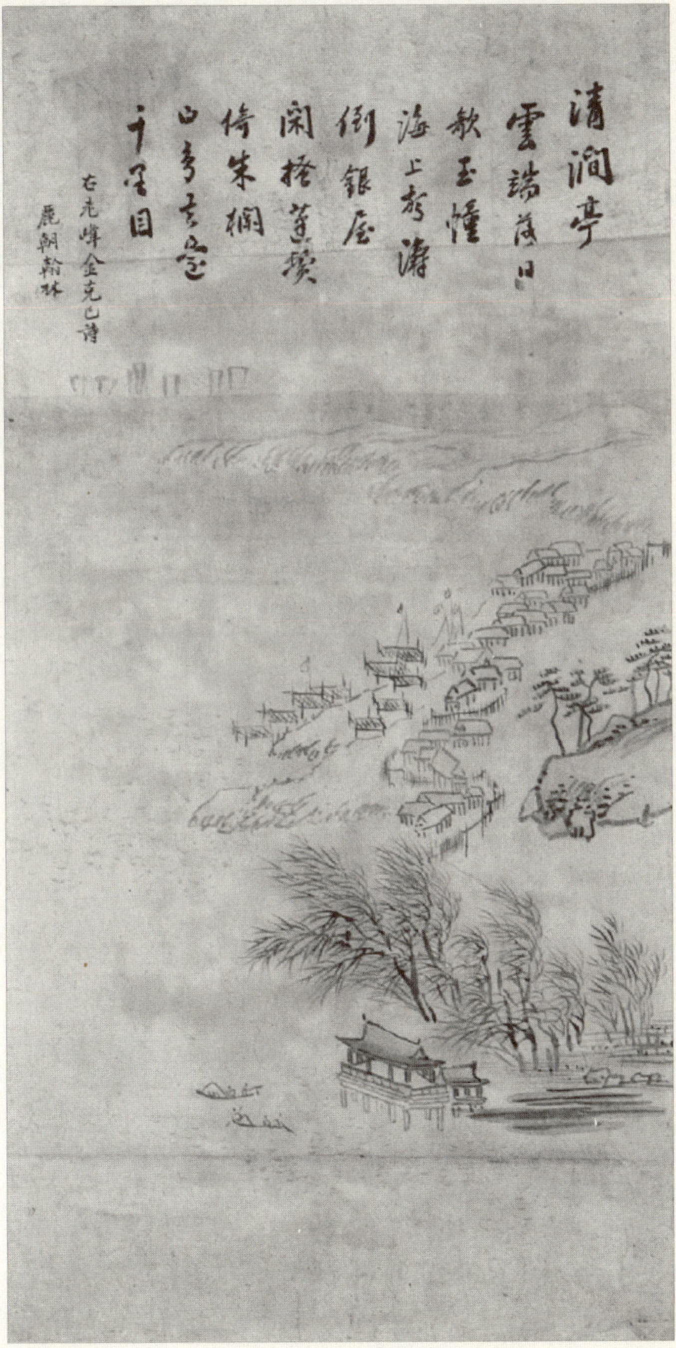

〈청간정(淸澗亭)〉(선문대학교 박물관 소장)

〈두보시의도(杜甫詩意圖)〉(이화여자대학교 박물관 소장)

〈국화도(菊花圖)〉(서울대학교 박물관 소장)

〈연객 허필상(烟客 許佖像)〉(강경훈 소장)

〈지두화(指頭畫)〉

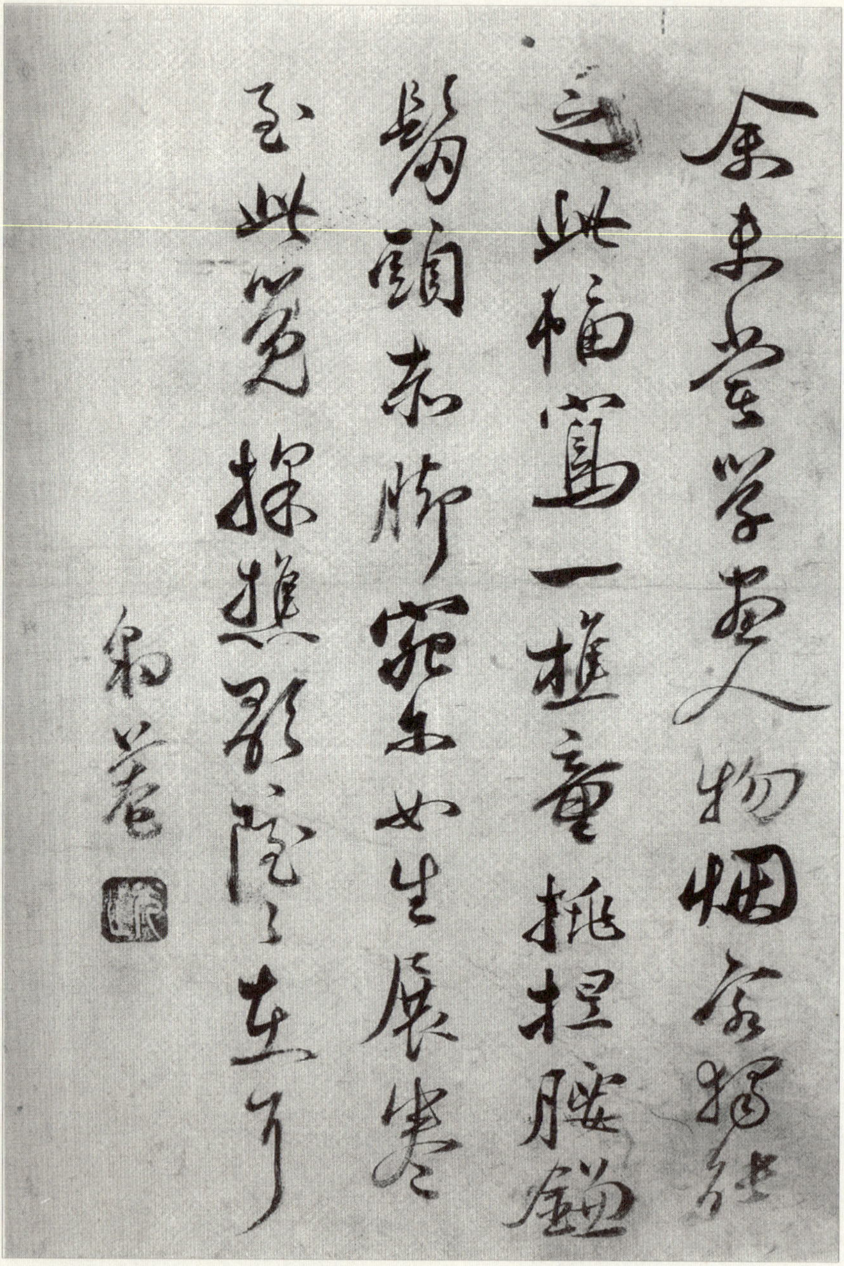

〈허필 초동도(許佖樵童圖)〉 / 강세황 평(姜世晃 評)

〈정선어한도(鄭敾魚閑圖)〉(조재진 소장) / 허필 평(許佖 評)

〈정선피금정도(鄭敾披襟亭圖)〉(조재진 소장) / 허필 평(許佖 評)

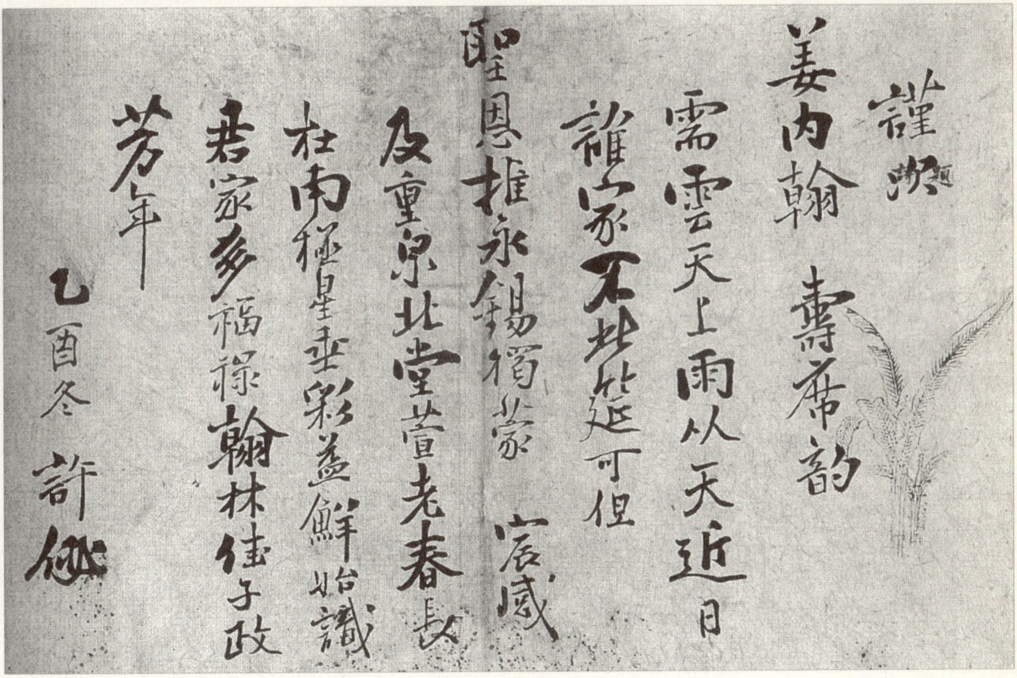

〈시고(詩稿)〉(강경훈 소장), 『姜內翰壽親宴頌詩帖』에 실려있음

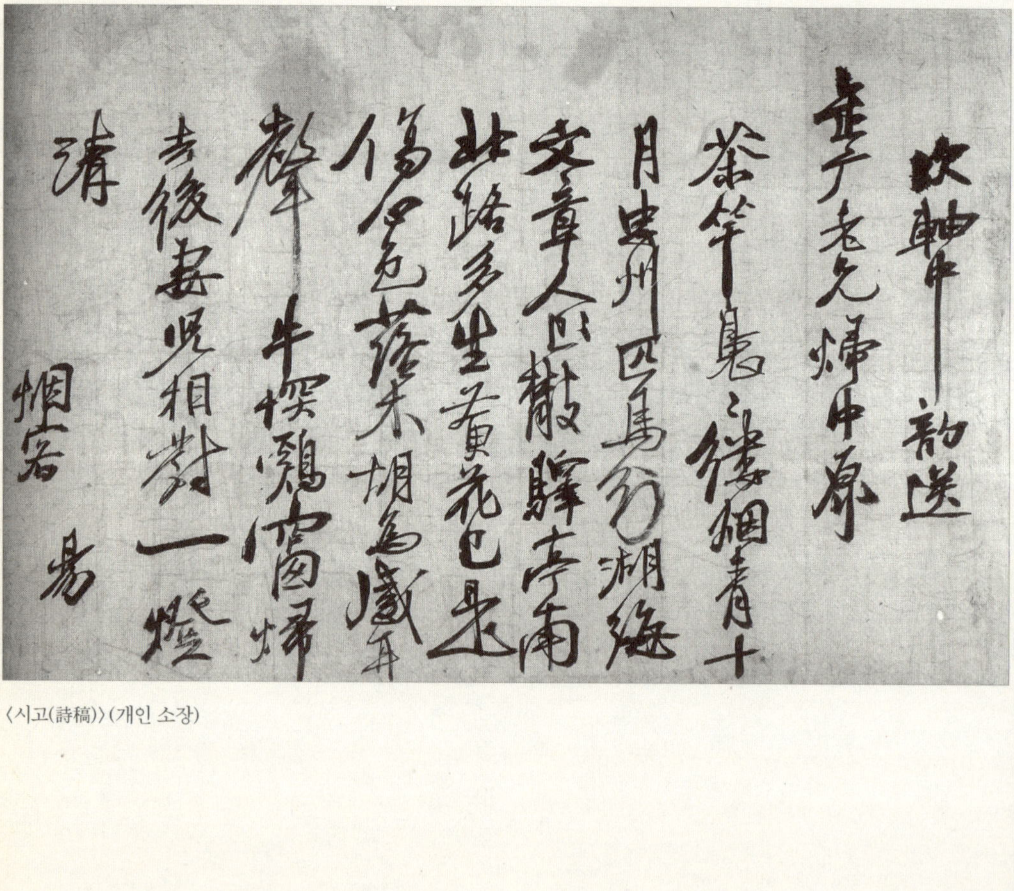

〈시고(詩稿)〉(개인 소장)

한서대학교 부설 동양고전연구소 국역총서 27

허필 시전집

The complete poems of Heo Pil

조남권 · 박동욱

소명출판

일러두기

1. 이 책은 연객 허필의 시를 완역한 것이다. 고려대에 소장된 『五大家詩』 안에 수록된 『烟客詩稿』를 주요 텍스트로 삼았다. 부록으로는 다른 작가들이 허필을 다룬 시문들을 수록하였다.
2. 서명은 『 』, 편명·작품명은 「 」, 인용은 " ", 강조는 ' ', 한글 표기와 한자 표기 병행 시 음가가 다른 경우는 [ ]를 약물로 표시했다.
3. 번역은 직역을 원칙으로 하되, 의미가 분명히 드러나지 않을 경우에는 주석을 달고 의역하였다.
4. 번역문의 중요한 한자는 한글과 병기하여 표기하였다.
5. 동일한 인명(人名)이나 내용이 반복해서 나올 경우, 처음 한 번만 각주로 달았다.
6. 인명과 서명등 주요 항목을 쉽게 검색할 수 있도록 색인을 부록으로 붙였다.
7. 제목은 자나 호, 관직 등을 생략하여 이름만 적는 것을 원칙으로 했다.
8. '[缺]'은 글자가 빠졌거나 판독 불가한 글자를 뜻한다.

|서문|

허필(許佖, 1709~1768)은 조선 후기의 학자이자 서화가였다. 본관은 양천(陽川)이고 호는 연객(煙客) · 초선(草禪) · 구도(舊濤)이며, 자는 여정(汝正)이다. 그는 시서화(詩書畵)에 모두 뛰어난 인물로 알려져 있으나, 남겨진 자료가 많지 않아 연구가 많이 이루어지지는 못했다. 최근에 그의 시집이 발굴된 이후로 시집에 대한 전반적인 실체가 규명된 정도이다. 이규상(李奎象, 1727~1799)의 『병세재언록(幷世才彦錄)』에 허필의 문장과 그림이 매우 뛰어났다고 평가한 바 있고, 그 외의 여러 문헌에서도 그의 존재를 손쉽게 확인할 수 있었으니, 18세기 예술사에서 결코 간과할 수 없는 인물임에는 틀림없다.

허필은 200수의 많지 않은 작품을 남겼지만, 작품의 숫자와 관계없이 인상적인 작품들이 적지 않았다. 그의 시들은 대부분 일상적인 이야기들을 담고 있지, 관념적이거나 음풍농월하는 시들은 많지 않다. 일상적 현실을 비범한 시각으로 포착하려고 애썼던 것으로 보이긴 하나, 때로는 지나친 자의식이 작품의 격을 떨어뜨리는 우를 범하기도 했다.

일상적인 감정에 충실한 시에는 현실의 불우, 노년에 대한 탄식, 나른한 감회 등이 점철되어 있었다. 이 시들은 그의 내면세계를 이해하는데 매우 중요한 의미를 담고 있다. 다만 지나치게 감상적인 부분은 그의 시가 지니는 일정한 한계로 보인다. 또 그는 죽음이란 명징한 사실을 미화하여 표현하지 않고 있는 그대로 그려 내었다. 뿐만 아니라 일상적인 사건이나 풍경을 그만의 독특한 시각으로 풀어내는 재주가 있어, 별다른 의미가 없어 보이는 공간이나 사건들에서도 그의 필치를 통해 새로운 의미를 도출해 내고 있다.

필자는 18세기 작가들을 주로 선별해서 번역 작업을 해오고 있다. 작가들의 작품들이 하나 둘씩 베일을 벗듯 번역을 통해 정채로운 모습을 드러내게 하는 일은 매우 매력적이다. 모르는 전고(典故)를 백방으로 찾고, 해결되지 않는 난구(難句)에 좌절도 하며, 판독이 힘든 글자를 알아내느라 골탕을 먹은 적도 있었다. 그러나 풀리지 않았던 것들이 해결되었을 때의 환희는 그 모든 번역의 괴로움을 상쇄시키고도 남음이 있다.

이번 책이 일평(一平) 조남권(趙南權) 선생님과 함께 번역한 네 번째 책이 된다. 그동안 『혜환 이용휴 시 전집』, 『혜환 이용휴 산문 전집』, 『이가환 시 전집』 등을 번역한 바 있다. 기관이나 단체의 도움 없이 온전히 필자의 욕심 때문에 번역을 수행하면서, 연로한 선생님을 끊임없이 괴롭혀 드린 것만 같아서 송구스런 마음을 금할 길이 없다. 그동안 세월이 참 많이 흘렀다. 처음 뵈었을 때 청년이었던 내가 중년에 접어들었고, 선생님은 점차로 노쇠해 가시니 그것을 보는 제자의 마음이 편치만은 않다.

열네다섯 해 동안 매주 화요일이면 어김없이 찾아가 공부를 핑계로 선생님의 시간을 빼앗고, 공부를 시작했다 하면 두 시간 이상 연

속으로 진행하여 선생님을 피곤하게 만들면서, 부끄럽게도 제대로 속수(束脩)의 예를 올리지도 못하고 귀한 공부를 배우고 있다. 선생님께 죄송스러운 점이 어디 이것 뿐이겠는가마는, 이런 미욱한 제자가 여쭙는 것 또한 한 번도 마다하지 않고 지도를 해주셨으니 그 모든 것이 그저 감사할 따름이다. 지금도 제자의 앞날에 대해 진심으로 걱정해 주실 때마다 거듭 죄송한 마음이 앞선다. 선생님과 함께 문집을 읽지 않았다면, 필자 같은 천학비재(淺學菲才)가 애초에 번역은 꿈도 꿀 수 없는 일이었다. 이러한 청복(淸福)이 오래 지속되길 바란다면 너무 지나친 욕심일지 모르겠다.

이번 작업에도 많은 분들이 도움을 주셨다. 거듭 감사를 드린다. 출판계의 불황에도 불구하고 필자의 책을 사양치 않고 출간을 맡아 준 소명출판의 박성모 사장과 공홍 부장께 감사를 전한다. 또, 선생님을 모시고 공부할 수 있는 좋은 여건을 제공해 주신 한서대학교에도 고개를 숙여 고마운 마음을 표한다.

2011년 3월

역자 박동욱 쓰다

|차례|

연객 허필의 예술활동과 일상성의 시학

허필 시집

/ **부록** / 허필 관련 시문

연객 허필의 예술활동과 일상성의 시학

1. 서론

허필(許佖, 1709~1768)은 조선 후기의 학자이자 서화가였다. 본관은 양천(陽川)이고 호는 연객(煙客)·초선(草禪)·구도(舊濤)이며, 자는 여정(汝正)이다. 그는 시서화(詩書畵)에 모두 뛰어난 인물로 알려져 있으나, 자료를 찾을 수 없어 연구는 많이 이루어지지 않았다. 최근에 그의 시집이 발굴된 이후로 시집에 대한 전반적인 실체가 규명된 정도이다.[1]

이규상(李奎象, 1727~1799)의 『병세재언록(幷世才彦錄)』에 허필의 문장과 그림이 매우 뛰어났다[2]고 평가한 바 있고, 간략하지만 이경유(李敬儒, 1750~1821)의 『창해시안(滄海詩眼)』에서도 그에 대한 기록을 찾아볼 수 있다.[3] 이덕무(李德懋)의 『이목구심서(耳目口心書)』[4]와 박지원

1 김영진(2004).

2 이규상(李奎象)은 『幷世才彦錄』「畵廚錄」에서 "許佖, 字某, 號煙客, 善畵. 佖老居泮齋, 成進士. 泮齋生扇, 非煙客畵, 不把, 以嗜煙草號煙客. 泮齋生萃八道才, 而煙客文與畵, 冠其中"이라 했다.

3 이경유(李敬儒)는 『滄海詩眼』에서 "江左翁往金海, 有詩曰 : '淸風來自孤雲海, 斜日低臨首露天', 絶佳. 許草禪佖, 對人常誦之云"이라 했다.

의 「열상화보(洌上畵譜)」에도 언급이 있다. 당대 저명한 작가의 시문을 모아 편찬한 윤광심(尹光心)의 『병세집』에도 이중해(李重海)가 지은 「만허연객필(輓許烟客佖)」이 남아 있다. 그 외의 여러 문헌에서도 그의 존재를 손쉽게 확인할 수 있으니,[5] 18세기 예술사에서 결코 간과할 수 없는 인물임에 틀림없다.

그와 교유했던 인물들의 면면을 확인해 보면 더욱더 그러하다. 이용휴(李用休), 강세황(姜世晃), 신광수(申光洙), 임희성(任希聖), 유경종(柳慶種), 안석경(安錫儆), 백상형(白尙瑩) 등과 친교를 맺었으니, 그야말로 당대의 거물급 예술 인사들과 다양한 시회(詩會)와 회화(繪畵) 활동을 지속했음을 알 수 있다. 이러한 교유의 실체는 여러 문헌에서 확인할 수 있다. 이용휴는 『혜환시집』에 「허연객만(許烟客輓一名佖字汝正)」, 「송허자정유풍악(送許子正遊楓岳)」 등과, 『혜환잡저』에 「발허자정북한시권(跋許子正北漢詩卷)」, 「발허자정동협수창록(跋許子正東峽酬唱錄)」, 「발허자정금강록(跋許子正金剛錄)」 등을 남기고 있다. 이병휴는 『정산잡저』에 허필에 대한 제문인 「제허자정문(祭許子正文)」을 남기고 있다. 허필의 누이가 이병휴(李秉休)에게 출가했으니, 허필은 이병휴에게 처남이 된다. 또, 이삼환은 허필을 사백으로 모시기도 했다.

임희성(任希聖)은 「제허여정필문(祭許汝正佖文)」과 「연객허여정만십오수 선륙수(烟客許汝正挽十五首 選六首)」, 「차송서시연객(허필여정호)운,

---

4 有人輯摹趙觀我齋榮祏所畵東國風俗, 凡七十餘帖, 許烟客佖, 以俚諺評之. 其題三女裁縫曰, 一女剪刀, 一女貼囊. 一女縫裳, 三女爲姦, 可反沙碟. 其題醫女曰, 天桃高髻木魚鬟, 紫的回裝草綠衣. 應向壁藏新買宅, 誰家今夜夜遊歸, 妓女多家壁藏洞故云.

5 『震彙續考』에서 "以書畵詩, 稱三絶"이라 하였고, 『二四齋記聞錄』에서 "豪爽遵逸, 想其風采"라 하였다.

랑기(次松西示烟客(許佖汝正號)韻, 兩寄)」, 「허여정필연객시권서(許汝正佖煙客詩卷序)」를 남겼으며, 서석린(徐錫麟)[6]은 「여허상사여정필(與許上舍汝正佖)」을 남겼다. 신광수(申光洙)는 「우증여정(又贈汝正)」, 「기허여정(寄許汝正)」, 「우기허연객필(又寄許烟客佖)」 등을, 또 강세황은 「제허연객금강도(題許烟客金剛圖)」를 남겼다.

이렇게 존재감이 있는 인물임에도 불구하고 연구 결과가 충분치 않은 점은 안타깝지만, 늦게라도 시집의 존재가 확인된 사실은 매우 반가운 일이다. 아직도 그의 시들이 더 발굴될 가능성은 충분히 남아 있으나, 먼저 발견된 자료를 통해서도 그의 시세계를 살펴보기에 어렵지는 않을 것으로 보인다.

『연객시고(煙客詩稿)』[7]에 남아 있는 시편들을 통해 그의 생애를 재구해 보고, 시단(詩壇)과 화단(畵壇)의 주요 인사들과의 교유를 살펴보며, 그의 시세계를 전반적으로 고찰해 보고자 한다. 18세기 시단이 실험 정신과 발랄한 시도들로 충만했던 시기였음은 주지의 사실이다. 그의 시 연구를 통해 문학사에서 숨어있던 인물을 새로 부각시킴과 동시에, 18세기 시단을 더욱 풍성하게 해줄 것을 믿어 의심치 않는다.

---

6 서석린(徐錫麟, 1710~1765) : 조선 후기의 학자. 본관은 이천(李川). 자는 몽응(夢膺)이고, 호는 수오(睡聱)이다, 문집으로 『睡聱先生文集』이 있다.

7 허필의 시가 수록된 『五大家詩』(고려대 소장)는 주목을 요한다. 필사본 1책(冊)인데 여기에 수록된 내용은 다음과 같다. 『醉松詩稿』(李羲師), 『烟客詩稿』(許佖), 『后青詩稿』(李漢敎), 『之又齋詩稿』(鄭遂榮), 『睡窩詩稿』(朴宬仁) 등이 실려 있다.

2. 생애와 예술 활동의 면모

1) 생애

정확한 시기를 획정할 수는 없지만 예안 김씨와 혼인한 1723년부터 진사시에 합격한 1735년 사이에 장인이 되는 김이만(金履萬)[8]의 고향인 제천에 얼마간 머물렀던 것으로 보인다.[9] 그 후 1742년과 1746년에는 장인의 임소인 양산, 서산 등지를 방문하고 지은 시들을 여러 편 남기고 있다.[10]

1744년 36세에는 권사언(權師彦), 권항언(權恒彦), 권조언(權朝彦) 등과 금강산을 유람하였고,[11] 1745년 37세에는 종형인 허좌(許佐)가 울진 현령으로 부임하자 제천까지 동행한다.[12] 울진을 직접 방문하여 남긴 시도 여러 편 남아 있지만[13] 이때 두 사람의 시를 한 데 묶은 것으로 알려진 『선사창수록(仙槎唱酬錄)』은 현재 전해지지 않는다.

1749년 41세에는 세검정(洗劍亭)에서 최성대(崔成大), 임정(任珽), 강세황(姜世晃) 등 25명과 함께 시회를 가졌는데 이때 창의문, 탕춘대를 두루 유람하였다.[14] 7월에는 강세황(姜世晃), 유한우(兪漢遇),[15] 최인우

---

8 김이만(金履萬, 1683~1758) : 본관은 예안(禮安)이다. 자는 중수(仲綏), 호는 학고(鶴皐), 청전(青田), 동애(東厓) 등이다. 허필의 장인이 된다. 문집으로 『鶴皐集』이 전한다.

9 「堤川鶴鳴軒, 次鶴皐丈人韻」

10 「瑞寧官舍, 次鶴皐丈人荷沼韻, 金履萬仲綏」, 「瑞山馬場小庵, 次鶴皐韻」, 「富城衙舍, 偶吟」

11 허필이 그린 「叢石亭圖」(호암 미술관)에는 "甲子中秋, 權叔久 · 權仲範 · 權國珍"이라 적혀 있다.

12 이때의 정황은 「乙丑冬, 除仙槎令赴任之時, 從弟汝正同作堤川之行. 中途判袂, 不勝悵然, 到官後作二律寄之時, 汝正尙留堤上青田」에 자세히 나온다. 성백효(2000), 283면.

13 「仙槎郡衙, 次從兄風雷堂韻, 俗名平海」, 「仙槎梧竹軒次韻」, 「佛影寺, 次風雷令公韻」

(崔仁祐) 등과 서평군의 별장에 모여 시회를 열고 조계폭포, 도봉산, 수락산 등을 유람하였다.[16] 이뿐 아니라 그는 많은 시회(詩會)에 참석하고, 많은 사람들과 수창(酬唱)한 작품들을 남겼다. 그에게 시회는 매우 중요한 의미로, 시회를 통해서 남인(南人), 소북(小北) 인사들과 지속적으로 교유를 이어 나간다.

1753년 45세에는 친밀한 사이였던 종형인 허좌(許佐)가 죽었고, 1756년 47세에는 부인 예안 김씨가 죽었으며,[17] 1757년 48세에는 친형 허일(許佾)이 역병에 걸려 죽었다. 1758년 49세에는 장인인 김이만(金履萬)이 죽었다. 짧은 시기에 많은 이들의 죽음을 목도하게 된 셈이다.

1758년 50세에는 안산(安山)의 견불산(見佛山)에 소재한 안원사(安院寺)에서 강세황(姜世晃), 이현환(李玄煥)과 시회(詩會)를 열었고,[18] 그해 이삼환(李森煥), 한광전(韓光傳)과 경기도 일대를 여행하였다.[19] 1759년 51세에는 임위(任瑋)와 봄놀이를 하였고,[20] 그해 겨울에는 강세황과 남태제(南泰齊)를 방문하여 개성을 유람했다.[21] 1761년 53세에 이

---

14 이때 지은 시가 『표암유고』, 『연객시고』 등에 실려 있을 뿐만 아니라 강세황은 이를 기념하여 그림도 그렸다(이익, 「姜光之世晃蕩春臺遊春詩軸序」, 『성호선생전집』 권52). 25인의 시축(詩軸)은 현존하고 있다. 김영진(2004), 222면 참조. 이때 강세황은 「己巳春, 遊洗劒亭, 與崔杜機任巵齋諸公, 共二十五人各賦」를, 허필은 「洗劒春遊」를 각각 지었다.

15 유한우(兪漢遇, 1711～?) : 본관은 기계(杞溪)이고 자는 회이(會而). 신광수의 『석북집』 권4에는 「寄兪會而」가, 권14에는 「祭兪會而文」이 있다.

16 강세황, 「七月之吉, 與許汝正佖 · 兪會而漢遇 · 崔吉甫仁祐, 共會于普通之淸遠亭, 亭乃西平公子別業也. 期做擧業十餘篇後. 遍尋曺溪 · 道峯 · 水落諸勝矣. 來纔三日, 堇圓一首賦. 余聞子病, 先歸. 將轉向安山, 去住悵惘, 非尋常合散之比, 世事之不可預料, 有如是. 夫臨歸書會而卷」

17 이 당시의 정황은 「花軒冬夜同賦」로 알 수 있다.

18 강세황, 「歲戊寅十月上浣, 許汝正 · 洪季周 · 洪成仲, 自京城來訪聲村. 因與李星叟幷會于見佛山之安院寺, 夜拈'遠客坐長夜, 雨聲孤寺秋'之句分韻, 各賦得孤字」

19 이삼환, 「戊寅春, 與韓景善光傳, 陪烟客許丈, 乘舟溯峽, 共次洪致卿昆弟舟行聯句百韻」

20 「己卯立春日, 追次任景潤瑋韻」

용휴(李用休)에게 생지명(生誌銘)을 받기도 하였다.[22] 동년에 신광수(申光洙)가 허필과 함께 금강산 유람을 계획했다가 무산되자 대신 금강산을 그려줄 것을 부탁하기도 했다.[23] 1762년 54세에 두 번째로 김해 여행을 하게 되어 양산군수인 한광협(韓光協)을 만난다.[24] 1765년 57세에는 권항언(權恒彦)과 백련사(白蓮寺)에 10일간 놀다 왔으며,[25] 1766년 58세에는 안산에서 강세황(姜世晃), 엄경응(嚴慶膺), 최북(崔北), 백상형(白尙瑩) 등과 모임을 가졌다.[26] 그들은 사로회(四老會)를 결성하여 계절마다 각자의 집을 돌아가면서 모임을 갖기로 하였다. 1768년 60세의 나이로 죽었다.

그는 평생 집안일은 돌보지 않고서 자유롭게 생활[27]한 것으로 보아, 생활인(生活人)이라기보다 자유인(自由人)에 가깝다 할 수 있다. 이

---

21 이러한 근거로 정은진(2005)은 연보를 정리하면서 허필의 「六月初四日, 與豹菴光之, 同往松京,時留相卽南兄泰齊氏也. 翌日爲觀大興山城, 久旱餘, 朴淵水縮, 只有一練, 愴然有吟」이란 작품을 제시하였다. 『煙客詩稿』에는 이러한 제목의 시가 없고, 대신에 「大興山城, 見朴淵水縮, 悵然有吟」이란 시는 있다. 그가 참고 문헌에서 언급한 『煙客錄』(개인 소장본)에 있는 시로 보인다.

22 「許烟客生誌銘」

23 신광수, 「星叟將遊楓嶽, 招我偕作, 値病莫從, 有懷怊悵, 作歌, 寄許子正, 乞畫楓嶽, 見寘泉石中, 與楓嶽作緣」

24 「壬午二月十五日, 卽佛家所謂雙林涅槃日也. 自金官作通度沒雲之行, 具丈及族孫堂及塅, 與偕小童鶴鳳錚金從焉. 中火于德山津吏家, 薄暮到良州. 其主倅, 卽篠驂奮要, 韓光協稚和也. 相逢於十年相別之後, 海嶺天涯之遠, 白髮相看, 各敘悲歡. 往在壬戌鶴皐丈, 來莅于此, 余亦隨來, 留連數朔. 中間人事變改, 二十一年之間, 少者壯, 壯者老, 老者死, 死者墓, 草已宿, 令人有不堪回首之境. 宿南門外旅店, 翌朝往通度寺, 居僧亦非舊面. 一宿後還良州, 更與主倅話, 小餉, 仍向梵魚寺」

25 「乙酉正月, 與南白堂權恒彦叔久, 携琴, 作白蓮寺之遊, 時白雪滿山, 春意尙早, 留十日還, 路上次叔久韻」

26 강세황, 「丙戌十月望日, 會于傲軒, 各賦」

27 이용휴의 「許烟客生誌銘」에 이러한 정황이 상세히 나온다. 家貧屢空, 而有泰色. 或遇古器若良劒, 卽解衣易之. 人笑其迂, 曰 : "我不迂, 誰當迂者?" 庭有古楠, 階列佳菊, 逍遙其間, 不問世事. 常曰 : "吾外不內顧者, 爲有妻金也; 內不外顧者, 爲有子霑也."

것은 그의 예술가적 기질과 무관하지 있다. 여러 시회(詩會)에 참석해서 시를 지었고, 또 좋은 풍경을 화폭에 담았다. 본 절에서는 그의 생애를 정치하게 정리한 후 그가 활약한 시단과 화단에서의 예술 활동을 살펴보려 한다.

2) 예술 활동의 면모

이름	생몰	본관	자	호	비고
姜世晃	1712~1791	晋州	光之	豹菴	
權師彦	1710~?	安東	仲範	花竹軒(당호), 山響齋(당호)	
金敬之	1710~1786	江陵	元直	執齋	
南綺老	1723~?	宜寧	彦皓	杞圃	
南應泰	1705~?	英陽	達卿		
南泰齊	1699~1776	宜寧	元鎭, 觀甫	澹亭, 鶴野	
朴東顯	1711~?	密陽	彦晦	駱園	
白尙瑩	1705~1789	水原	純甫	傲軒	
申光洙	1712~1775	高靈	聖淵	石北, 五嶽山人	
申思運	1721~1801	平山	亨仲	樂耘	
申禹相	1730~1799	高靈	善用, 伯益	懶雲	신광수의 아들
嚴慶膺	1696~1784	寧越	元禮	鶴山	안산 15학사
吳彦思	1734~1776	海州	勖汝		
柳慶種	1714~1784	晉州	德祖	海巖	강세황의 처남
柳重臨	1705~1771	文化	大而	文城	안산 15학사
兪漢遇	1711~?	杞溪	會而		
李樘(洛昌君)	?~1761	全州			
李孟休	1713~?	驪州	醇叟	杜山	
李廷煌	1705~1762		元章	鈍窩	
李玄煥	1713~1772	驪州	星叟	鶴西	
任瑗	1709~1775	豊川	聖與		

任瑋	1701~1762	豊川	景潤		
任珽	1694~1750	豊川	聖方	匽齋	강세황의 姊兄
任希聖	1712~1783	豊川	子時	在澗, 澗翁	
任希壽	1733~1750	豊川	芾男		
崔仁祐	1711~1768	朔寧	吉甫, 德膺		안산 15학사
許佐	1700~1753	陽川	永叔	戈春, 風雷堂(당호)	그와 관련된 시는 모두 3수
洪晟	1702~1778	南陽	光國	缶广	

허필은 당대 주목할 만한 문인 · 화가 등과 교유를 나누고 있다. 면면들이 모두 18세기 주요 인물들로, 그들과 함께 시회(詩會)를 갖기도 하고 서화(書畵)를 나누기도 하였다. 허필의 교유는 안산 15학사[28]를 중심으로 이루어지고 있으므로 이들을 중심으로 논의하고자 한다.

① 화단(畵壇)

허필은 강세황, 최북, 임희수, 이현환, 신사운(申思運) 등 서화가들과 교유한 것으로 보아 당시 화단(畵壇)의 중심에서 활약했음을 확인할 수 있으며, 그 자신 역시 많은 서화를 남긴 화가였다.[29]

교유를 나눈 이 중에 가장 핵심적 인물은 표암 강세황이다. 강세황은 「제허연객금강도(題許烟客金剛圖)」를 남겼고, 지금은 전하지 않지만 허필과 함께 『연표록(烟豹錄)』을 만들었을 정도로 교분이 매우 두터웠다. 현재 고려대학교 박물관에 허필과 강세황이 함께 만든 「합작선면산수도(合作扇面山水圖)」가 남아 있다.[30]

---

28 안산(安山) 15학사는 李用休, 姜世晃, 任希聖, 許佖, 柳重臨, 趙重普, 嚴慶膺, 李壽鳳, 崔仁祐, 李孟休, 李匡煥, 蔡濟恭, 朴道孟, 申宅權 등을 가리킨다. 강경훈(1997), 7면 참조.

29 박지현(2004), 이 논문에 그의 서화(書畵) 목록이 잘 정리되어 있다.

30 변영섭(1988), 이 책에 허필과 강세황의 교유 관련 기록이 상세히 실려 있다. 13~15면과

연객 허필과 마음을 나누는 친구셨다. 일찍이 장난으로 말하기를, "연옹이 나를 아는 것은 내가 나를 아는 것보다 낫다. 왕몽과 유윤이 서로 자랑하는 것은 지나친 것이 아니다"라고 하였다. 매번 단풍 들고 꽃 피는 철마다 함께 근교의 유명 산천을 구경하였고, 산에 들어서면 부리는 사람들을 보내고 붉고 푸른 위험한 곳에 지팡이 짚고 걸으면서도 피곤함을 잊었다. 머뭇대며 멋진 경치를 감상하면서 두 분이 시와 그림을 번갈아 이루어 책으로 만들고는 제목은 『연표록』이라 하였다. 그 작품들은 풍경이 비치는 듯하여 사람들이 다투어 그 고움을 칭찬하였다.[31]

허필은 임원(任瑗), 임위(任瑋), 임정(任珽), 임희성(任希聖), 임희수(任希壽) 등 풍천 임씨 사람들과 교분이 두터웠다. 그중 임위의 아들인 화가(畫家) 임희수에 대한 8수의 만시는 그가 남긴 만시 중 가장 편수가 많은 연작시이다. 임희수(1733~1750)는 자가 불남(芾男)으로 어려서부터 천재 소년 화가로 이름이 있었으나 17세에 요절하였다. 특히, 초상화에 재능이 뛰어나 『초상화첩(肖像畫帖)』 3권이 전해오지만 현재는 『초상초본첩(肖像草本帖)』 한 권이 알려져 있다. 이덕무(李德懋), 『이목구심서(耳目口心書)』에는 "세마(洗馬)인 원계손(元繼孫)이 일찍이 말하기를, '이언진(李彦瑱)의 시와 임희수의 그림은 근세에 제일이다'라고 하였다. 아, 이언진 역시 27세에 죽었으니, 재주란 매우 상서롭지 못

89~90면 참조.

31 강빈(姜儐), 「先考正獻大夫漢城府判尹兼知義禁府事五衛都摠府都摠管府君行狀」: 與許烟客佖, 爲知心友. 嘗戲曰: "烟翁之知我, 勝我自知. 王濛劉尹之相夸詡, 不爲過也." 每於楓節花辰, 同賞畿內名山川, 入山, 舍徒御, 丹危翠險, 杖屨忘疲. 留連勝境, 詩畵迭就, 作帖子, 題曰烟豹錄. 風采照映, 人爭豔賞.

하다"라고 나온다. 허필의 만시에는 요절한 천재에 대한 아쉬움이 짙게 깔려 있다.

> 인간 세상 장수와 요절에 한 번 호가(浩歌) 부르니,
> 잘난 아이 매우 적고 둔한 아이만 많네.
> 산속의 쓸모없는 많은 나무 늙어 가는데,
> 비바람이 혼자 있는 나무와 꽃만 꺾었네.
> 人世彭殤一浩歌　佳兒甚少鈍兒多
> 山中樗櫟千章老　風雨偏摧獨樹花

—「挽任希壽」

그 밖에 최북(崔北), 석유뢰(釋幽賴),[32] 신사운(申思運), 이현환(李玄煥)[33] 등과도 예술적 교유를 나누었다. 또, 시집에도 여러 편의 제화시(題畫詩)[34]가 남아 있으니 그의 예술적 기질을 재확인할 수 있다.

② 시단(詩壇)

허필은 시단(詩壇) 활동에도 매우 적극적으로 참여했다. 그는 강세황, 최성대, 임정 등 25사람과 더불어 세검정에서 시회를 가졌는데, 당시 1749년으로 그의 나이 41세였다.[35] 1758년 50세에는 안산(安山)

---

32 박지현(2004), 29～30면 참조.

33 이현환(李玄煥)의『蟾窩雜著』에「寄煙客求畵書」라는 글이 남아 있다.

34 「題美豹菴世晃梅花翠鳥圖」,「題美忝齋世晃光之畵梅」,「題白鷺圖」,「題吳命溥季時山水障子」,「題金繪後素紅流亭圖」,「題美人圖」

35 허필,「洗劍春遊」

의 견불산(見佛山)에 소재한 안원사(安院寺)에서 강세황(姜世晃), 이현환(李玄煥)과 시회(詩會)를 열기도 했다.[36] 또, 참여한 동인(同人)들이 누구인지는 확실치 않지만 백설시단(白雪詩壇)과 동악시단(東嶽詩壇)에도 참여했던 것으로 보인다.

그는 주로 안산 15학사(學士)들과 교유하였다. 우선 주목할 인물로 이용휴를 들 수 있는데 그는 허필의 만시 7수와 생지명을 지어 주었으며, 이용휴의 아우인 이병휴(李秉休)는 허필의 여동생과 혼인하기도 했다. 생지명에서 "통달한 듯하지만 통달하지 않았다[似達未達]"라고 하여 그에 대해서 다소 비판적으로 평가한 바 있다. 허필은 특히 이용휴로부터 상당한 영향을 받았던 것으로 보이는데, 그 내용은 뒤에 상술할 것이다. 이용휴를 중심으로 여주이씨(驪州李氏)인 이병휴, 이맹휴, 이삼환, 이현환과 교유를 나누었다.

안산 15학사 중에 강세황(姜世晃), 유중림(柳重臨), 엄경응(嚴慶膺), 임희성(任希聖), 이맹휴(李孟休) 등과 주로 교유를 나누었으며, 그들이 서로 생지명(生誌銘)을 주고받았던 일은 깊은 유대를 짐작케 한다.[37] 그 밖의 문인으로는 최성대(崔成大), 신광수(申光洙), 황대후(黃大厚),[38] 권조언(權朝彦) 등을 들 수 있다. 허필은 주로 남인(南人)과 소북(小北) 문인들과 교유를 나누고 시회(詩會)를 자주 가졌으므로, 그들의 문학적 색채가 자연스레 그에게 침윤되었음을 볼 수 있다.

---

36 강세황, 「歲戊寅十月上浣, 許汝正 · 洪季周 · 洪成仲, 自京城來訪聲村. 因與李星叟幷會于見佛山之安院寺, 夜拈 '遠客坐長夜, 雨聲孤寺秋' 之句分韻, 各賦得孤字」

37 정민(2000).

38 황대후 : 이덕무(李德懋), 『靑莊館全書』 제66권, 「入燕記」에 그에 대한 기록이 나온다.

3. 일상성의 시학

그의 시집으로 『선사창수록(仙槎唱酬錄)』이 남아 있다 하나, 현재는 확인할 수 없고, 『대동시선(大東詩選)』과 『양천허씨세고』 등에 몇 편이 남아 있을 뿐이다.[39] 지금 현존하는 것으로는 『연객시고』를 들 수 있는데 여기에는 5언절구 76수, 5언율시 44수, 7언절구 88수, 7언율시 38수, 잡체시 (1제) 8수, 5언고시 3수, 7언고시 2수 등 총 200여 수의 시가 수록되어 있다. 총 15제 15수에 산(刪)이라는 표시가 되어 있는 것으로 보아 정돈되기 전의 초고(初稿) 상태로 보인다.[40]

> (…전략…)
>
> 그의 책 상자를 열어서 평생토록 지은 시 몇 백 편을 얻었다. 대체로 긍지가 너무 지나치고 애석해 함이 너무도 심하였다. 좋은 계절의 아름다운 경치에서 마음에 맞는 사람을 만나는 것이 아니면, 함부로 시를 읊조리거나 주고받지 않았다. 이러한 까닭으로 글로 기록된 숫자 또한 그다지 많지 않았으나, 꼼꼼하게 그것을 음미해 보면 음절(音節)이 맑고 깨끗하며, 격조(格調)가 감개하여서 함부로 노닐고 농담하며 큰소리치고, 뽐내며 자랑하고 마음껏 즐기면서 세상에 대해서는 모두 친압할 만하고, 사람에 대해서는 엄격한 바가 없었다.

---

39 『대동시선』에는 3편이 『양천허씨세고』에는 13편이 각각 남아 있다. 일부 작품은 『연객시고』와 중복되지 않는다.

40 김영진(2009)은 『연객시고』를 소산(蘇山) 윤기진(尹起晉, 1854~1902)이 편찬한 것으로 추정하였다.

그는 시름으로 답답하고 번민으로 무료하여, 천하가 그의 몸을 받아들이지 못하고 만물도 짝지을 만한 것이 없는 것 같이 여겼다. 심지어 기이한 것을 만들고 괴이한 것을 의탁하여 정을 궁구하고 변화를 지극히 하였으며, 간혹 스스로 말을 만들기도 하여 이따금 따져서 물을 수 없는 도량이 있었다. 이것은 세상에서 눈을 부릅뜨고서 악착을 떨고, 법도를 삼가며 규범을 따르는 자들은 그 한두 가지도 비슷하게 할 수 있는 것이 아니었다.

여정은 항상 나에게 다음과 같이 말했다. "고인이 말하기를, '시는 뛰어난 재주와 취미가 있어야 하는 것이지, 글과 관련된 것도 아니요 이치에 관련된 것도 아니다'라고 하였으니, 우리나라의 시인들 가운데에서 이러한 방법에 심오한 사람이 옛날부터 적었습니다. 대체로 천박하고 가벼우며, 상스럽고 속된 견해로 늘어지고 절실하지 못한 말을 합니다. 많이 쌓아두고 넓게 드러내는 사람들은 이따금 아름다운 문채가 부족하고, 뜻이 통하고 말이 넘쳐나는 사람들은 간혹 흥상(興象)이 결핍되었습니다. 조물주가 사물을 본뜸에 천 사람, 백 사람이 각자 천 사람 백 사람의 모습을 지니고, 정신과 의태(意態)에 있어서도 만 가지 중에 하나도 같은 것이 없습니다. 지금 나무 인형과 흙 인형을 만들어 이목구비 차이가 전혀 없다 해도, 그 정신이 살아 움직이지 않는 것을 어떻게 하겠습니까?" 여정이 이와 같이 말한 것은 아마도 까닭이 있어서 한 말일 것이다.[41]

---

41 任希聖, 「許汝正佖烟客詩卷序」, 『在澗集』: (…전략…) 胠其篋, 得其平生所爲詩若干百篇. 大抵矜持太過, 愛惜太甚. 非良時佳景得接會心人, 不浪吟詠酬酢. 以故形於紙墨之間, 數亦不甚多, 細而味之, 音節淸亮, 格調感慨, 放浪詼譎, 陵夸佚肆. 於世皆可狎, 而於人無所嚴. 其憂愁陿迫, 懣憤無聊, 九區若不能容其身. 萬物若不足與爲偶. 其至也, 設奇託怪, 窮情極變, 或自造言語, 往往有不可究詰之氣度. 是非世之睢盱齷齪, 謹繩墨而遵規矩者, 所可髣髴其一二也. 汝正常謂余言. "古人云'詩有別才別趣, 非關書, 非關理也.' 我東方詩家深於此道者, 自古而少. 概之, 以膚率俚俗之見, 爲曼衍不切之語. 多積而博發者, 或短於藻采, 意順而

(…후략…)

이 글은 임희성이 쓴 서문으로 『연객시고』에는 실려 있지 않다. 이것으로 판단하건대 그의 시풍(詩風)은 다음과 같이 정리될 수 있다. 스스로에 대한 자부심도 강했고 애석(愛惜)함도 심했으니, 의식이 과잉되는 면모가 있었던 것으로 보인다. 또, 작품의 숫자가 많지 않았다는 사실도 추가로 확인할 수 있다. 지금 남아 있는 작품은 물론이거니와, 당시에도 그가 지은 시는 많지 않았다는 것이다.

뒤에 있는 내용들도 앞서 언급한 대로 의식의 과잉에 대해서 지적하고 있다. 음절(音節)은 맑고 깨끗하고, 격조(格調)는 감개하였다는 점과 세상과 사람들에 대해서 친압(親狎)하고 함부로 하는 점도 부연해서 설명하였다. 게다가 기괴(奇怪)한 것을 만들고 의탁하였으며, 자신만의 시어(詩語)를 만들기도 했다. 임희성이 허필의 말을 빌어서 정리한 부분들은 그가 다른 시인들의 천편일률적인 시들에 대한 환멸과 거부를 분명히 천명한 부분들이다.

그의 시는 불우했던 자신의 삶과 무관치 않았다. 현실에 대한 불만족은 자의식을 더욱 곤고히 하게 해서 그의 시는 긍지와 애석함이 지나쳤다. 자신의 존재 증명을 현실과의 이반(離叛)에서 찾으려 한 점은 삶 뿐 아니라 작시(作詩)의 태도에 있어서도 다르지 않았다. 남들과 다른 시를 짓는 것으로써 시단(詩壇)에서 자리매김을 하려 했고,

---

辭㗳者, 或乏於興象. 化工之肖物也, 千百人各具千百人之相貌, 精神意態, 則有萬不同. 今焉爲木偶土塑, 耳目口鼻, 間少參差, 其如精神之不生動何哉." 汝正此言, 殆有爲而道之耳(…후략…).

그래서 때로는 기괴한 내용이나 새로운 시어(詩語)를 만드는데 더 공을 들였다. 임희성은 이러한 허필의 독특한 시세계에 대해 우려와 칭예(稱譽)를 동시에 드러내며 가치중립적인 입장을 보이고 있다. 임희성은 허필의 만시에서 "우열을 논하지 아니함은 마침내 궤도가 달라서이나, 오히려 같은 때에 태어나게 됨을 기뻐하노라[未論優劣終殊軌, 猶喜商量得並時]"[42]라고 하여 자신과는 작시(作詩) 태도는 다르지만 재주에 대해서는 인정하고 있다.

> 화정(華亭)의 해박함과 경릉(竟陵)의 오묘함이었으며, 지산(枝山)의 호탕함과 석전(石田)의 거만함이었도다. 그 사람됨, 그 문사(文辭), 그 글씨, 그 그림. 이것이 하나로 모여서 돌아갔으니 짝을 지을 만한 사람이 없었도다.[43]

화정은 명(明)나라 때의 문인이자 서화가인 진계유(陳繼儒, 1558~1639)를 이르는데, 그가 화정(華亭) 사람이었기 때문에 이렇게 불린 것이다. 진계유는 매우 해박하고 방대한 저술을 남긴 인물로, 그를 들어 허필의 박학다식한 면모를 드러내고 있다. 경릉 역시 지명에서 온 이름으로 명대 후기의 시단 유파를 가리키며, 경릉 출신인 종성(鍾惺)·담원춘(譚元春) 등이 대표적 인물이다. 조선 후기에 공안파와 경릉파의 세례(洗禮)를 받은 문인들이 많이 있었다는 것은 주지의 사실

42 任希聖, 「烟客許汝正挽十五首 選六首」, 『在澗集』.
43 任希聖, 「祭許汝正佖文」, 『在澗集』: 華亭之博, 竟陵之奧, 枝山之宕, 石田之傲, 其人其辭, 其筆其繪. 會歸于一, 無堪作對.

이다. 그러나 이렇게 실제로 시집(詩集)이 남아 있는 시인들로 경릉파와의 연관성이 적시된 경우는 그리 많지 않다. 이 부분의 해명은 그의 시세계뿐만 아니라, 나아가 조선후기 경릉파를 이해하기 위해서 매우 적합한 텍스트가 될 것이다. 지산(枝山)은 많은 서적을 탐독하고 서법에 아주 뛰어나 이름이 해내(海內)를 울렸던 축윤명(祝允明, 1460~1526)의 호이다. 석전(石田)은 심주(沈周, 1427~1509)의 호인데, 그는 특히 그림에 능하여 당인(唐寅)·문징명(文徵明)·구영(仇英)과 더불어 남송 문인화의 주류를 형성했다. 축윤명과 심주에 빗댄 것은 서화(書畵)에 대한 문제이니 여기서 상론하지 않는다.

허필은 일상 속에서 취재(取材)하여 시로 형상화하고 있다. 만시(輓詩), 송시(送詩) 등과, 시회(詩會)에서 차운(次韻)한 시들이 상당한 분량을 차지한다. 또, 자신의 체험을 바탕으로 일상적인 사건이나 풍경을 예민한 감각으로 포착하여 시화(詩化)하였다.

송시(送詩)로는 「송종형첨귀중원(送宗兄襜歸中原)」, 「송홍광국환지산(送洪光國還芝山)」, 「송보안독우김경지원직지임(送保安督郵金敬之元直之任)」, 「송박양천시진귀제협(送朴陽川時晉歸堤峽)」, 「봉신낙창군탱연행(奉贐洛昌君樘燕行)」, 「송이정황원장지임부여(送李廷煌元章之任扶餘)」, 「송임치명지임황주(送任稚明之任黃州)」 등을 들 수 있으며, 대상은 종형 첨(襜), 홍성, 김경지,[44] 박시진(朴時晉), 낙창군 당, 이정황(李廷煌),[45] 임준 등이다. 인간에 대한 따스한 배려와 애정이 표출되어 있으며, 동류(同類)

44 김경지(金敬之, 1710~1786) : 본관은 강릉. 자는 원직(元直). 호는 집재(執齋). 윤증(尹拯)의 문인. 특히 『중용』에 조예가 깊었으며 시문집 6권이 있다.
45 이정황(李廷煌, 1705~1762) : 자는 원장(元章), 호는 둔와(鈍窩).

에 대한 깊은 신뢰를 바탕으로 한 우도(友道)가 인상적이다.

만시(輓詩)와 송시(送詩)는 응수문자(應酬文字)의 특징이 짙을 수밖에 없음에도 불구하고, 그의 시들은 관습적인 표현이나 구성을 되도록 피하고 있다. 이러한 점은 18세기 한시의 특징적인 부면들과 맥을 같이 한다 할 수 있다.

차운시(次韻詩)로는 「차임성여진망와운(次任聖與眞忘窩韻)」, 「화헌야염검남운, 동부(花軒夜拈劍南韻, 同賦)」, 「우염방옹운, 동부(又拈放翁韻, 同賦)」, 「여첨익, 왕북한, 염명인운, 각부(與僉益, 往北漢, 拈明人韻, 各賦)」, 「차원중랑병화운(次袁中郎甁花韻)」, 「우차양성재운(又次楊誠齋韻)」, 「조계폭포, 차이청련려산십운(曹溪瀑布, 次李靑蓮廬山十韻)」, 「기대박언회가, 여류숙평, 염원중랑운(企臺朴彦晦家, 與柳叔平, 拈袁中郎韻)」 등이 있는데 원굉도, 육유, 이름을 알 수 없는 명나라 사람, 양만리(楊萬里), 이백, 임원(任瑗) 등의 시에 차운하였다. 그 중에 원굉도 등을 차운한 것으로 보아, 그 역시 명대 문학에 영향을 받았을 것으로 보인다.

1) 내밀한 감정의 유로(流露)

자신의 감정을 여과 없이 시로 표출할 때에는 대체로 위태로움을 담보하게 마련이다. 자의식이 과잉될 경우 자위에 가까운 요설(妖說)과 비슷해지는데, 이것은 한시 뿐 아니라 현대시에서도 마찬가지다. 반대로 지나치게 감정을 절제하게 되면 도학시(道學詩)처럼 시의 참맛이 현저히 떨어지게 된다. 이러한 감정의 길항(拮抗)을 통해서 시의 등급이 결정된다 해도 과언이 아니다.

허필의 시에는 불편한 현실, 노년에 대한 탄식, 나른한 감회가 곳곳에서 보인다. 자신의 감정에 충실했을 뿐, 자기 검열을 통한 미화(美化)에 힘쓰지 않았다. 때문에 그의 고단한 삶이 그대로 묻어 나오는 시편(詩篇)들은 그의 내면세계를 잘 보여준다.

> 천지 간에 공연스레 이 인생 늙어가니,
> 문장은 당시에 성대히 울리지 못함 한탄했네.
> 청춘이 훌쩍 가니 진실로 기댈 곳 없는데,
> 흰 머리는 어데서 오나 마치 감정 있는 것 같네.
> 물이 따스한 시내의 다리에는 버들 새싹이 펴고,
> 해가 긴 초가집엔 닭소리가 길게 울려 퍼지네.
> 해마다 이 저녁을 번거롭게 맞고 보내니,
> 쉬지 않는 것이 도리어 먼 길을 가는 것 같네.
> 天地空然老此生　文章嗟不喊時鳴
> 青春忽退眞無賴　白髮何從若有情
> 水暖溪橋舒柳眼　日長茆屋緩鷄聲
> 年年此夕煩迎送　不息還同赴遠程

— 「迎春」

그의 시에서 가장 빈번하게 나오는 주제는 늙음이다. 백발(白髮)과 노(老)가 시제(詩題)를 포함해서 20번 이상 나오니 적지 않은 숫자임에 틀림없다. 탄로(歎老)에 대한 주제는 특별할 것이 없기는 하지만, 그에게는 그리 단순치 않아 보인다. 좌절된 현실의 욕망은 늙을수록

더욱 증폭되어 표출되게 마련이다. 게다가 현실을 변화시킬 수 있다는 희망마저 소거(消去)되면서 늙음은 피할 수 없는 현실이자 고통으로 다가올 수밖에 없다. 그의 시에서는 동식물을 포함한 사물들조차 늙은 것[老]으로 표현되고 있는 점 또한 매우 재미있다.[46]

이 시는 봄에 느끼는 노년의 감회를 담고 있다. 생명이 잉태되는 순간에도 사그라지는 생명은 있기 마련이다. 온갖 생명이 싹트는 계절에 늙어가고 있는 자신의 처지는 더욱 쓸쓸하고 서글플 수밖에 없다. 게다가 아무런 성취도 없이 나이만 먹었으니 그 한스러움은 더할 것이다.

> 윤락(淪落)한 서생으로 늙어 가는,
> 천지 간에 하나의 떠돌이로다.
> 생애는 구름의 그림자 밖에 있고,
> 세상일은 술잔 안에 있도다.
> 문단(文壇)에선 삼 척의 몸을 끌고서,
> 과장(科場)에서 한바탕 싸움을 일으켰네.
> 장부가 아! 적적하게 되었으니,
> 세월은 몹시도 빠르게 가네.
> 애석하도다. 청운을 품었던 뜻이
> 슬그머니 백발의 늙은이 됐네.
> 그대 운명 어찌 그리 박하게 받았나.

46 「南上舍應泰牧窩八詠, 幷序」, 薺花老; 「李典簿世翼挽」, 老屋; 「送洪光國還芝山」, 樹爲廳登老; 「與僉益, 往北漢, 拈明人韻, 各賦」, 蠹老.

하늘이 나를 냄에 궁하게 하지 않았네.
늙어가는 마음은 아직도 건장하여,
근년 이래 말 더욱 공교해지네.
강호에서 서로 함께 나그네 되어,
천지에 떠돌기로 내맡기었네.
역사에는 외로운 등불 음침하였고,
금대에는 먼 나무가 비어 있도다.
한밤에는 달빛 아래 거닐음이 마땅한데,
이 밤에 바람 한 점 없음이랴.
좋은 철에 친구가 함께 이르니,
청담이 밤새도록 끊이지 않네.
(…중략…)
일생동안 은일을 달게 여겼으니,
어느 땅에서 영웅으로 늙어 가리오.
바람 · 달에 함께 손을 끌고서,
구름 · 노을 거두어 시통에 채웠네.
가로수 있는 길에 천리마는 펴지 못했고
너른 바다라 학은 높이 날기 어렵네.
보배를 독 안에다 간직하였고,
희음(希音)은 고동(古桐)을 어루만졌네.
시 있으면 모두 다 친구 되었고,
말 타는데 하인은 필요치 않네.
세상일에 입은 벙어리에 가깝게 되고,

사람들 말에 귀는 귀머거리 되려고 하네

나는 밭 갈고 고기 잡으며 늙어 가고,

아내와 자식은 풍년 되길 기원하네.

함께 생각할 때 장차 무엇을 주랴

바위 언덕에 계수나무 떨기 있도다.

濩落書生老　乾坤一寓公

生涯雲影外　世事酒盃中

藝苑提三尺　名場起一戎

丈夫嗟寂寂　歲月劇忽忽

可惜青雲志　居然白髮翁

命何君賦薄　天生我不窮

老去心猶壯　年來語益工

江湖同作客　天地任轉蓬

驛舍孤燈暗　琴臺遠樹空

中宵宜踏月　時夜更無風

佳節朋俱至　淸談夜未終

(…중략…)

一生甘隱逸　何地老英雄

風月同携手　雲霞收滿筒

長楸驥未展　滄海鶴難狆

善價藏珍櫝　希音撫古桐

有詩皆作友　騎馬不須僮

世故口偏啞　人言耳欲聾

耕漁從我老　妻孥祝年豊

共憶將何贈　巖阿有桂叢

—「連原碧蓮亭, 夜坐偶吟, 呈尹後而昌裕」

자신의 고백이 가장 짙게 드러난 시이다. 현실의 좌절에서 느끼는 절박한 슬픔을 여과 없이 표출하고 있지만, 시작(詩作)과 유람(遊覽)에 자오(自娛)하겠다는 다짐도 잊지 않았다. 어쩔 수 없이 택한 은일(隱逸)의 삶을 제시한 후, 천리마와 학에 빗대어 자신의 좌절을 표현하고 있다.

"세상일에 입은 벙어리에 가깝게 되고, 사람들 말에 귀는 귀머거리 되려고 하네[世故口偏啞, 人言耳欲聾]"라는 부분에서 세상과의 불화를 적극적으로 보여준다. 자신의 의견을 드러내기도, 그렇다고 남들의 말을 듣지도 않겠다면서 세상과의 소통을 단호히 거부한다.

허필은 대체로 감정을 절제하여 표출하지 않고, 있는 그대로의 감정을 솔직하게 드러낸다. 여기에서 비롯된 자의식의 과잉이 때로는 시의 격을 떨어뜨리기도 한다. 그의 삶은 알려진 것처럼 매우 불우했다. 그러나 지위와 부귀를 가지지 못했다고 해서 그의 고백과 자탄이 무의미하지는 않다. 생생하고 솔직한 목소리가 당대 지식인의 육성(肉聲)을 모두 다 대변할 수는 없지만, 한 예술가의 내면 고백으로도 충분한 의미가 있다고 여겨진다.

2) 죽음에 대한 소묘와 인상적 포착

누구도 죽음 앞에 예외일 수 없으니, 죽음만큼 피할 수 없는 명징한 사실도 없다. 사람들은 많은 이들의 죽음을 목도하면서 자신의 죽음을 예견하게 된다. 만시(挽詩)는 죽음이라는 일상적인 사건을 그린 시로, 대개는 고인(故人)의 삶을 추도(追悼)하고 칭예(稱譽)하는 내용을 담고 있다. 시집 전체 분량을 고려해 볼 때 허필은 적지 않은 분량의 만시(挽詩)를 남겼다. 그의 만시는 「박봉조하필기만(朴奉朝賀弼琦挽)」(7언절구 4수), 「유금천성지원명만(柳衿川誠之原明挽)」(7언절구 6수), 「이척형석만(李戚兄瀕挽)」(7언율시 1수), 「남교리기로만(南校理綺老挽)」(7언절구 6수), 「적안이상현만(赤岸李相顯挽)」(7언절구 4수), 「민별검사홍강중만(閔別檢師弘剛中挽)」(7언절구 5수), 「권태언대부인만(權泰彦大夫人挽)」(7언절구 6수), 「낙창군탱만(洛昌君樘挽)」(7언율시 2수) 등으로 정리해볼 수 있는데, 대부분 7언 절구와 연작시 형태로 구성되어 있다. 대상은 박필기,[47] 유성지, 이석, 남기로, 이상현, 민강중, 권태언의 대부인, 낙창군 당 등 대부분 가까운 지인(知人)을 대상으로 하고 있다.

[1]

맹교나 가도가 아니라면 황정견이나 진사도리니

시사(詩思)가 파초 싹처럼 나오는 것마다 새로울 것이네.

『청구풍아』가 다른 시기에 선정(選定)된다면,

별도로 명가의 제일인이 될 것이네.

如非郊島卽黃陳　詩思蕉心出出新

---

47 박필기(朴弼琦, 1677~1757) : 조선 후기 문신. 본관은 반남(潘南). 자는 아규(雅圭), 호는 무취옹(無臭翁).

青邱風雅他時選　別是名家第一人

[2]

낙수와 남산은 각각 한 굽이에 있는데
사립문 쓸쓸하니 누굴 위해 열었는가.
해질녘 말을 타고 달이 처음 떠오를 제,
허진사 집에 적안 이상현이 찾아왔었네.
駱峀終南各一隈　柴門寥落爲誰開
黃昏騎馬月初上　許進士家赤岸來

[3]

올가을은 작년보다 더디었기에,
병중이라, 국화꽃도 시에 들지 못했네.
꽃 피지 않았을 때 공은 이미 떠났으니,
떠날 때에 꽃도 공을 위해 슬퍼했을 것이네.
今年秋較去年遲　病裏黃花不入詩
花未開時公已去　去時花亦爲公悲

[4]

공과 나는 서로 친함이 20년 되었는데
학당에서 시주(詩酒)를 몇 번이나 주선했나.
한 통의 서찰이 천고 영결 이뤘으니,
한 차례 펼치면 한 번 눈물 흐르네.

公我相親二十年　矍堂詩酒幾周旋
一札便成千古訣　一回披去一潸然

—「赤岸李相顯挽」

허필의 만시 중에 일반적인 형태를 띠고 있는 작품이다. 적안(赤岸) 이상현(李相顯)은 상고할 수 없는 인물이다. 그가 만시에서 연작시를 구성하는 방식은 대개 계기적 연속성이 없다. [1]에는 망자에 대한 평가를 담고 있다. 그의 시는 맹교, 가도, 황정견, 진사도에 맞먹어서 시사(詩思)가 새로우니, 이상현이 태어난 뒤에 『청구풍아』를 선정(選定)했다면 반드시 실려서 높은 평가를 받았을 것이라 말하고 있다. [2]에서는 고인과의 생전에 있었던 일화(逸話)를 담고 있는데, 즉 해질녘에 자신의 집으로 방문해 주었던 고인의 일을 적시하고 있다. [3]과 [4]에서는 고인을 잃은 자신의 아픈 감회를 드러내고 있다. 국화꽃이 피기 전에 죽은 고인에 대한 안타까움과 고인의 마지막 편지를 보는 감회를 썼다. 이처럼 허필은 고인과의 편린(片鱗)들을 재조합해서 그를 잃은 슬픔을 표출하는 방식을 취하고 있다. 이러한 점은 혜환 이용휴의 만시와 매우 흡사한 방식이다.[48]

호서에서 표몽은 객의 시름 나머지인데,
갑작스런 유음은 중범의 글이로다.
화죽헌 안에 동취록이 있는데

48 졸고(2001).

어떻게 신선 선자 맨 머리에 쓰리오.

湖西髟夢客愁餘　驀地幽音仲範書

花竹軒中同醉錄　可堪仙字上頭題

—「李典簿世翼挽」연작시 4수 중에 3번째 시[49]

부안(扶安)의 태수이고 옥당(홍문관)의 신선으로,

봄날에 모친의 수연을 열었도다.

갑자기 색동옷이 황천의 염습이 되었으니

죽어서 응당 육아편(蓼莪篇)을 펴내리라.

扶風太守玉堂仙　春日萱闈敞晬筵

彩服居然泉下斂　修文應發蓼莪篇

—「南校理綺老挽」연작시 6수 중 2번째 시

처음 시는 이세익에 대한 만시이다. 중범(仲範)은 권사언(權師彦, 1710~?)의 자이니, 권사언에게 이세익의 부고를 받았다는 말이다. 권사언의 집 화죽헌(花竹軒)에 동취록(同醉錄)이라는 방명록(芳名錄)이 보관되어 있는데, 그 방명록 속 이세익(李世翼)의 이름 위에 차마 선(仙)자를 쓰기 어렵다며 안타까운 마음을 드러내고 있다. 옛날 연명록(聯名錄)의 죽은 사람 이름 위에는 선(仙)자를 쓰곤 했으니, 그의 죽음을 받아들일 수 없다는 말이다.

49 그에 대한 기록은 다음과 같다. 이익(李瀷),『星湖全集』「挽李典簿」; 이용휴 (李用休),『䟽數集』「李典簿世翼挽」; 이헌경(李獻慶),『艮翁集』「李典簿世翼輓」; 채제공(蔡濟恭),『樊巖先生集』「李典簿世翼輓」.

두 번째 시는 부안 태수와 홍문관 교리를 지냈던 남기로에 대한 만시이다. 봄날에 어머니의 수연 잔치를 열어 드리고 얼마 지나지 않아 죽었던 것으로 보인다. 부모님 잔치를 즐겁게 하기 위해 색동옷을 입었는데, 이제는 그 옷이 수의(壽衣)가 되었다고 표현하고 있다. 이처럼 허필은 죽음 자체를 직접적으로 제시하지 않고, 절묘한 발상을 통해 슬픔을 극대화하는 방식을 취하고 있다.

그의 만시는 탁월한 발상과 인상적인 장면을 제시하는 기법이 돋보인다. 상투적인 면모의 배제나 대부분의 작품이 연작시로 되어 있다는 점에서 혜환 이용휴의 만시(輓詩)와도 유사한 면이 적지 않다. 죽음으로 죽음을 다루지 않고, 죽음과 상관없는 장면들 또는 발상을 통해 죽음이 가지는 비감이 한층 강렬하게 다가온다.

3) 일상적 풍경의 감각적 시화(詩化)

18세기 시인들은 주변에서 늘 접하는 일상적 경물, 자연 풍물, 사회현상, 인정물태(人情物態)를 창작의 대상으로 삼아서 묘사하였다. 눈으로 확인한 구체적 소재를 선택해서 대상의 생생한 모습을 전달하는 데 집중적인 노력을 기울이고 있었다.[50]

허필 역시 일상적 장면을 시화(詩化)한 시들이 많다. 평상적인 삶의 부면을 때로는 즉물적(卽物的) 시선으로 포착해 내곤 하는데, 관념적인 소재가 가지는 공소(空疎)함 보다는 소박한 소재에서 삶의 진정성

50 안대회(1999), 53면 참조.

을 읽어 내려는 시인의 의도라 할 수 있다.

마을의 낮에 닭이 지붕 오르고,
창고 문이 닫히니 양이 담에 오르네.
村午鷄登屋　倉閑羔上墻

— 「次從兄風雷令公韻」

뛰노는 은빛 물고기 절구 공이보다 길고,
향기 짙은 금색 배는 크기가 머리통 같네.
銀鱗魚躍長於杵　金色梨香大似頭

— 「送任稚明之任黃州」

허필이 "천 개의 길에 한 발자국은 사가(詞家)의 금기이니, 삼별은 비끼었고 달은 졌다는 시를 짓지 말라"[51]라고 다른 시에서 언급 했듯, 그는 시의 본령이 남과는 다른 독창적인 표현이나 방식에 있다고 보았다. 위의 예문처럼 시에서 흔히 볼 수 없는 비유나 의경을 자주 사용하였고,[52] 그것이 지나칠 경우에는 의미 파악조차 힘든 경우도 있다.[53] 또, 자신만의 독특한 시어를 만들어 쓰기도 했는데,[54] 이러한

51 「題南鴻山鶴耇伯叟梅閣」: 千塗一轍詞家忌, 不作參橫月落詩.

52 「泮齋春日, 寄示崔命鳳聖儀沙軒」, 茆屋初長山滿響, 藥堦新解木奴裘; 「澹泊」, 折花難割愛, 芟草忍傷生; 「題吳命溥季時山水障子」, 樹爲飀登老, 潭應虯臥深; 「任聖與瑗 · 穉明琰昆季, 奉板輿, 隨仲兄子聞瑢, 將赴杆城, 贐以五言短律. 守城俗名杆城」, 雨細靑銅竹, 風暄白苧衣.

53 「庚辰元朝, 吟呈紫厓任令」, 夢放投禽藹善端, 禪機療疾破除難. 臨瀛荳蔻多含子, 不博鐳家黑牧丹; 「南校理綺老挽」, 播詠人間繡佛詩, 玉溪遺韻玉山詞. 鶴猿已刖蛟龍噤, 天地山川聚族悲.

점은 앞서 임희성이 비판적으로 지적했던 것들과 일치한다.

이백 같은 백반에 두보 같은 두부 국이니
신년에는 음식 또한 문장가로구나.
반수 다리의 달빛까지 데려오니,
광현의 집에서 이야기가 더욱 길도다.
李白飯香杜甫湯　新年飮食亦文章
携來泮水橋頭月　光顯家中話更長

―「吳上舍彦思, 避寓于泮人光顯家, 設白飯軟飽, 戲作一絶」

상산(商山)의 산 아래 몇 가구의 마을은
10월에 행인들이 일찍 문을 닫누나.
사람 가고 오는 사이 사람 절로 늙으니
낙원점은 즐거운 곳 아니라 수원점이네.
商山山下數家村　十月行人早閉門
人去人來人自老　樂原非樂是愁原

―「尙州樂原店」

첫 번째 시는 오언사라는 사람이 반인 광현의 집에 잠시 피해 거처했는데, 오언사가 흰밥에 두부를 대접한 것을 보고 허필이 장난삼아 지은 것이다. 백반과 두부를 음차해서 이백 같은 백반과 두보 같은

---

54 「東膠偶唫」, 성복(猩服); 「送李丈齊益歸隋城」, 우돌(牛埃); 「朴奉朝賀彌琦挽」, 천선(天禮); 「柳衿川誠之原明挽」, 표자(髟字), 몽악(夢噩); 「花竹軒冬夜, 與主人權仲範師彦, 共賦」, 휴강(鵂岡); 「續題任穉明墨壇聯詠」, 모화(毛火); 「送宗兄禬歸中原」, 백길(白吉); 「送洪光國還芝山」, 다간(茶竿); 「又次楊誠齋韻」, 제협(啼頰); 「西冰湖瞻鶴亭八詠」, 번등(燔燈).

두부 국이라 표현한 것이 재미나다. 2구에서는 새해에 올린 음식들이 대문장가라고 재치 있게 잇고 있으며, 3구에서도 광현(光顯)이란 이름을 가지고 말장난[pun]을 한다. 광현은 이름인 동시에 '빛이 환하다'라는 두 가지 뜻을 담고 있다.

두 번째 시에서는 상주의 낙원점을 읊었다. 허필은 구체적인 우리 지명을 가지고 시를 여러 편 남겼는데, 대개는 지명의 어의(語義)를 가지고 말장난[pun]을 즐겨했다. 자신이 낙원점에서 쓸쓸한 감회를 느꼈기에 이곳은 낙원점이 아니라 수원점이라며 지명이 가지고 있는 본뜻을 뒤집고 있다. 이러한 방식은 그의 시에 자주 등장하고 있다.[55]

강가 마을 적적하게 솔문을 닫아 놓고,
여자들이 치마 걷고 낚시터로 내려가네.
갯가 해는 지려하고 조수 이미 빠졌는데,
굴을 주워 하나의 광주리에 담아 돌아가네.
江村寂寂掩松扉　女伴褰裳下釣磯
浦日欲斜潮已退　石花收得一筐歸

—「泰安納星村」

관에 소속된 배 수십 척은

55 「安眠島村舍, 失睡有吟」: 喜歡惶恐摠虛傳, 從古爲名未必然. 客思兼將蠅蝎惱, 安眠島上不安眠('기쁘다, 두렵다'는 다 공연한 말이니, 예로부터 이름을 붙였으나 반드시 그렇진 않네. 나그네 생각에다 파리 · 빈대 성가시어, 안면도인데도 편한 잠을 못 자네); 「北漢山映樓」: 萬木蒼蒼一洞幽, 此山山水此中流. 斜陽欲下林陰轉, 樓不映山山映樓(나무들 우거져서 온 골짜기 그윽한데, 이 산의 산수가 이 안에 흐르누나. 사양은 지려고 해 숲 그림자 바뀌는데, 누대가 산에 안 비치는 산영루이네).

물 건널 때 먼저 가려 다투지 마라.

남문에서 겨우 십 리 길이니

인정 전에 이를 수 있을 것이네.

官船數十隻　渡水莫爭先

南門纔十里　可到人定前

—「西冰湖贍鶴亭八詠」 중에서 '銅津晩棹'

첫 번째 시는 태안의 납성촌을 배경으로, 아낙들이 굴을 채취하는 일상적인 정경을 잘 포착해 내었다. 두 번째 시는 동작 나루의 저물녘에 배가 가는 풍경을 그려냈다. 관에 소속된 배들이 앞서거니 뒤서거니 하며 물살을 헤치고 가는 모습이 눈에 선하다. 이용휴가 「君浦曉帆」에서 "갑문지기 새벽에 갑문을 열면, 배의 행렬 서로가 꼬리를 무네. 뱃사공이 신에게 제사 마치자, 한꺼번에 모두가 돛폭 올리네"라고 새벽 배들이 물살을 일으키며 일제히 출항하는 모습을 그린 시와 매우 비슷하다.[56] 혜환 이용휴와 유사한 점은 이뿐만이 아니다. 송시(送詩)와 만시(挽詩)가 많다는 점, 만시들은 대부분 연작시로 구성되어 있는 점. 유래를 알 수 없는 독특한 시어를 직접 만들거나, 재치있게 시를 구성하고, 불교 관련 고사나 일상적 풍경을 그려낸다는 점 등이 그러하다. 또, 시에서 한국식 지명을 즐겨 사용하거나, 생지명의 창작 등도 공통된 점이다.[57]

56 閘吏晨開閘, 舡行尾相啣. 梢工祭神罷, 一時盡上帆.

57 이용휴가 허필의 생지명을 써 주었고, 허필도 안산 15학사 중 한 사람인 엄경응(嚴慶膺)의 생지명을 써 주었다는 기록이 나온다. 허필이 생지명을 썼다는 것은 앞선 박지현(2004), 37

높직한 밭들은 규저와 같고,
나지막한 밭들은 바둑판 같네.
이따금씩 백로가 내려와서는
바늘같이 푸른 모를 깨뜨리네.
高田如圭邸　低田如碁局
有時白鷺下　點破秧針綠

— 「西冰湖瞻鶴亭八詠」에서 '鶴野溝勝'

이 시는 학야(鶴野)라는 곳의 도랑을 묘사한 것이다. 높은 밭은 규저(圭邸)에, 낮은 밭은 바둑판에 각각 빗대었고, 백로가 푸른 모 싹에 앉는 장면을 인상적으로 그려냈다. 흰색과 푸른색이 극명하게 대비된 회화적 시이다. 그의 시에는 색채를 대비하거나 풍경을 감각적이고 회화적으로 묘사한 것들이 매우 많다. 「竹軒秋夜, 與光之, 同賦」에서 "저물녘 벼랑에 단풍 가을 다 지고, 차가운 섬돌에 핀 국화에 비 자주 오네[崖晚楓秋盡, 階寒菊雨頻]"라든지, 「西冰湖瞻鶴亭八詠」의 '冠嶺花屑'에서 "아름다운 산은 미녀 같은데, 봄이 되자 꽃들은 관이 되었네. 성성이 피와 비단 치마 같은 빛깔인 철쭉은 어찌 그리 아롱대는가[佳山如美女, 春來花作冠, 猩血羅裙色, 躑躅何爛斑]"라고 한 부분에서도 회화적인 분위기를 찾을 수 있다.

달팽이 껍질만한 가옥에서는

면에 상세히 보인다.

땔나무가 없어서 불씨 끊겼네.
해가 다하도록 묵자(墨子)의 굴뚝이요,
겨울날에 백가(白家)의 침상이로다.
有屋同蝸殼　無薪絶燧皇
長年墨氏堗　冬日白家牀

—「冷堗」

우습도다 팽택현령(彭澤縣令) 도연명은
국화를 마땅하게 심을 줄 몰랐네.
어찌 꼭 울 밑의 국화만이 필요한가?
나는 국화로 울타리를 만들리라.
可笑陶彭澤　不知種菊宜
何須籬下菊　吾以菊爲籬

—「種菊」

이 두 편의 시는 온돌이나 국화라는 단순한 소재를 가지고 지은 것이지만, 그러한 일상적 소재에 비범한 착상을 가미하고 있다.[58] 첫 번째 시에서는 아주 작은 집을 달팽이 껍질에 비유하고 있는데, 그나마 남아 있던 땔감까지 끊겨 집이 냉골이 돼버렸다고 했다. 묵자(墨子)의 굴뚝은 천하를 다니느라 집에 온 지 얼마 되지 않아 다시 떠나

58 여기에 해당하는 시들이 적지 않다.「題霮 侄瀼西寶稼堂」: "짚신은 사마(駟馬)에 해당 하였고, 도토리와 밤은 바로 마른 양식일세[屝鞋當駟馬, 橡栗乃糇糧]"라 하고,「淸潭臥雲樓」: "행인은 담 밖으로 상투 보이고, 삼각산은 하나의 봉우리가 푸르네[行人墻外髻, 華嶽一峯靑]."

는 것을 이른다. 반고(班固)의 「답빈희(答賓戲)」에 "공자의 앉은 자리는 따뜻할 겨를이 없었고, 묵자의 굴뚝은 검어질 겨를이 없었다[孔席不暖, 墨突不黔]"라고 하였다. 여기서는 묵자가 천하를 다니느라 밥을 지어 먹지 못해서 굴뚝이 검어질 새가 없다는 것에 빗대어 자신이 가난해서 밥을 해 먹지 못하는 것을 비유한 말이다. 백가(白家)의 침상은 백거이(白居易)가 어떤 이에게 반석(盤石)을 선물 받아 한 여름을 지냈다는 고사에서 나온 말이다. 연기 끊어진 굴뚝에 냉골이 된 방바닥이란 뜻이니 결국 자신의 불우한 처지를 희화화(戲畵化)하여 그려낸 것이다. 두 번째 시에서는 도연명의 「음주(飮酒)」에 나오는 "採菊東籬下, 悠然見南山"을 사용하여, 자신은 울 밑에 국화를 심지 않고, 울타리 전체에 국화를 심겠다며 국화에 대한 애호를 표현하고 있다.

허필은 자신의 체험을 바탕으로 일상적인 사건이나 풍경을 예민한 감각으로 포착하여 시화(詩化)하였다. 때로는 자질구레한 일상 속에서 비범한 착상을 보여주기도 했다. 앞서 다룬 작품 외에 「견백발(見白髮)」, 「제백로도(題白鷺圖)」, 「제강표암세황매화취조도(題姜豹菴世晃梅花翠鳥圖)」, 「담박(澹泊)」, 「제미인도(題美人圖)」, 「시속염체(時俗艶體)」, 「객중영슬(客中詠虱)」 등도 매우 흥미롭다. 허필의 시는 언어유희[pun], 감각적인 표현, 독특한 시어 등이 적절히 사용되어, 재기(才氣)가 번득이는 작품이라고 평가할 수 있다. 이러한 점들은 또한 18세기 한시사의 맥락과 바로 맞닿아 있다.

4. 결론

본고에서는 먼저 허필의 생애와 예술 활동의 면모를 다루어 허필의 삶을 정치하게 정리한 후, 그의 시단(詩壇)과 화단(畵壇)에서의 활동을 살펴보았다. 그는 남인(南人)과 소북(小北)들과 시회(詩會)를 중심으로 교유를 지속했으며, 이들과는 상당한 문학적 영향 관계가 있었음을 확인할 수 있었다. 특히 혜환 이용휴와의 연관성 부분을 통해 남인, 소북 문인들에 대한 혜환의 높은 영향력을 다시 한 번 느낄 수 있었다. 뿐만 아니라 허필은 화단(畵壇)에서도 걸출한 화가들과의 교유를 통해서 필력(筆力)을 곤고하게 해 나갔다.

허필은 200수의 많지 않은 작품을 남겼지만, 작품의 숫자와 관계없이 인상적인 작품들이 적지 않았다. 그의 시들은 대부분 일상적인 이야기들을 담고 있지, 관념적이거나 음풍농월하는 시들은 많지 않다. 일상적 현실을 비범한 시각으로 포착하려고 애썼던 것으로 보이긴 하나, 때로는 지나친 자의식이 작품의 격을 떨어뜨리는 우를 범하기도 하였다.

일상적인 감정에 충실한 시에는 현실의 불우, 노년에 대한 탄식, 나른한 감회 등이 점철되어 있었다. 이 시들은 그의 내면세계를 이해하는데 매우 중요한 의미를 담고 있다. 다만 지나치게 감상적인 부분은 그의 시가 지니는 일정한 한계로 보인다. 또 그는 죽음이란 명징한 사실을 미화하여 표현하지 않고, 있는 그대로 그려 내었다. 인상적인 장면을 엮어서 고인을 재구(再構)한다거나, 시편에 고루 퍼져 있는 탁월한 발상은 혜환 이용휴의 구기(口氣)마저 느끼게 했다. 뿐만 아니라 일상적인 사건이나 풍경을 그만의 독특한 시각으로 풀어내는 재주가 있어, 별다른 의미가 없어 보이는 공간이나 사건들에서도 그의 필치를 통해 새로운 의미를 도출해 내고 있다.

그는 18세기 시단에서 한 번쯤 주목할 필요가 있는 작가이다. 그의 시들은 18세기 시단의 특징적 부면들을 많이 담고 있다. 그의 시가 가지는 경릉파의 연관성은 앞으로 추가적으로 연구해야 할 지점들이다. 그의 시집은 조선 후기 문단에서 경릉파의 도입과 영향 관계를 밝혀줄 좋은 텍스트임에 분명하다.

참고문헌

『震彙續考』

姜世晃, 『豹菴遺稿』
徐錫麟, 『睡聱先生文集』
申光洙, 『石北集』
尹光心, 『并世集』
李敬儒, 『滄海詩眼』
李奎象, 『并世才彦錄』
李德懋, 『耳目口心書』
李秉休, 『貞山雜著』
李用休, 『惠寰詩集』
______, 『惠寰雜著』
李玄煥, 『蟾窩雜著』
任希聖, 『在澗集』
趙彦林, 『二四齋記聞錄』

강경훈, 「중암 강이천 문학연구」, 『고서연구』 제15호, 보경문화사, 1997.
김영진, 「허필의 『煙客詩稿』」, 『문헌과 해석』 통권 26호, 태학사, 2004.
______, 「鄭遂榮의 『之又齋詩稿』」, 『고전과 해석』 통권 6호, 고전문학한문학연구학회, 2009.
박동욱, 「혜환 이용휴 만시고」, 『온지논총』 7권, 온지학회, 2001.
______, 「혜환 이용휴의 문학연구」, 성균관대 박사논문, 2006.
박지현, 「연객 허필 서화 연구」, 서울대 석사논문, 2004.
변영섭, 『표암 강세황 연구』, 일지사, 1988.
성백효, 『陽川許氏寶覽』, 춘인당, 2000.
안대회, 『18세기 한국한시사 연구』, 소명출판사, 1999.
정 민, 「18세기 우정론의 맥락에서 본 이용휴의 생지명고」, 『한국학논집』 34호, 한양대 한국학연구소, 2000.
정은진, 「표암 강세황의 미의식과 시문창작」, 성균관대 박사논문, 2005.

허필 시집

허필의 연객시권 서문 許汝正佖烟客詩卷序

연객 허여정이 나에게 그의 생지를 부탁한 일이 있었다. 내가 말하기를 "무덤에 지(誌)가 있는 것은 그 무덤을 기록하려고 하는 것입니다. 지금 살아있는 사람의 묘지(墓誌)를 지으란 말입니까? 이것이 어찌 기록할 만한 무덤이라 말할 수 있겠습니까?"라고 하였다. 여정은 강하게 부탁했으나, 나는 그가 명성을 스스로 기뻐한다는 말로 책망하면서 오래도록 응하지 않았다. 대저 여정이 천하의 곤궁한 사람이기는 하다. 그러나 그 명성은 진실로 나의 지문(誌文)를 기다리지 않더라도 (이름이) 전해질만한 사람이다.

여정이 60년 동안 세상에 살면서 그의 배를 주리고, 그의 몸을 꽁꽁 얼게 했으며, 그 집을 돌아다보면 빈 뒤주가 씻은 것 같아서 하나의 물건도 있지 않았다. 대개 그의 음식과 기거이거나 말하고 웃거나, 꿈꾸며 잠꼬대 하는 것을 살펴보면 어디에 간들 정신을 모으고 생각에 골몰할 때가 아니었던가?

그의 책 상자를 열어서 평생토록 지은 시 몇 백 편을 얻었다. 대체로 긍지가 너무 지나치고 애석해함이 너무도 심하였다. 좋은 계절의 아름다운 경치에서 마음에 맞는 사람을 만나는 것이 아니면, 되는대로 읊조리고 노래하는 일이나 시를 주고받지 않았다.

이러한 까닭으로 글로 기록된 숫자 또한 그다지 많지 않았으나, 꼼꼼하게 그것을 음미해 보면 음절(音節)이 맑고 깨끗하며, 격조(格調)가 감개하여서 함부로 노닐고 농담하며 큰 소리 치고, 뽐내고 자랑하고 마음껏 즐기면서 세상에 대해서는 모두 친압할 만하고, 사람에 대해서는 엄격한 바가 없었다.

그는 시름에 답답하고, 번민으로 무료하여 천하가 그의 몸을 받아들이지 못하고 만물도 짝지을 만한 것이 없는 것 같이 여겼다. 심지어 기이한 것을 만들고 괴이한 것을 의탁하여 정을 궁구하고 변화를 지극히 하였으며, 간혹 스스로 말을 만들기도 하여 이따금 따져서 물을 수 없는 도량이 있었다. 이것은 세상에서 눈을 부릅뜨고 악착을 떨고 법도를 삼가며 규범을 따르는 자들은 그 한 두가지도 비슷하게 할 수 있는 것이 아니었다.

여정은 항상 나에게 다음과 같이 말했다. "고인이 말하기를 '시는 뛰어난 재주와 취미가 있어야 하는 것이지 글과 관련된 것도 아니요, 이치에 관련된 것도 아니다'[1]라고 하였으니, 우리나라의 시인들 가운데에서 이러한 방법에 심오한 사람이 옛날부터 적었습니다. 대체로, 천박하고 가벼우며, 상스럽고 속된 견해로 늘어지고 절실하지 못한 말을 합니다. 많이 쌓아두고 넓게 드러내는 사람들은 이따금 아름다운 문채가 부족하고, 뜻이 통하고 말이 넘쳐나는 사람들은 간혹 흥상(興象)이 결핍되었습니다. 조물주가 사물을 본 뜸에 천 사람, 백 사람이 각자 천 사람 백 사람의 모습을 지니고, 정신과 의태(意態)에 있어서도 만 가지 중에 하나도 같은 것이 없습니다. 지금 나무 인형과 흙인형을 만들어 이목구비 차이가 전혀 없다 해도, 그 정신이 살아 움직이지 않는 것을 어떻게 하겠습니까?" 정언이 이와 같이 말한 것은 아마도 까닭이 있어서 한 말 일 것이다.

---

1 『滄浪詩話』에 다음과 같이 나온다. 詩有別才, 非關書也; 詩有別趣, 非關理也.

아! 여정은 머리가 센 한 명의 포의로 반 평생을 태학(太學)의 상사(上舍)에 노닐었다. 아침저녁으로 거친 식사도 달고 배부르게 먹을 겨를이 없어서 얼굴빛은 초췌하고 기운은 풀이 죽어 남들이 보기에 모두 가벼이 여기고 업신여길 만 하였다. 그러나 뛰어나고 탁월한 재주가 자연스럽게 밖으로 드러나는 것이 바보나 광대와 비슷해서. 노래나 곡을 하는 것 같았지만 갑작스럽게 말하자면 진실로 포착해서 모사할 수 없다. 구양수(歐陽修)[2]가 일찍이 "매요신(梅堯臣)[3]의 시가 궁한 뒤에 더욱 공교해지고 공교해지면 더욱 궁해진다"라고 말하였는데, 여정(汝正) 또한 사모하는 바가 있어서 그렇게 한 것이 아니겠는가?

금년 여름에 여정(汝正)의 병이 심하였다. 내가 한번 그가 사는 곳을 찾아가서 책상에 기대 편히 앉아 고금의 시인들에 대해 이야기를 나누며 하루를 보낸 일이 있었다. 여정이 갑자기 탄식하며 말하기를 "그대가 나를 알지 못한다고 말할 수 없을 것인데도 오히려 나에게 생지(生誌)[4]를 지어주는 것을 아끼고 있으니, 차라리 내가 지은 작품에 서문을 써서 내가 살아서 볼 수 있게 하는 것이 낫겠소"라고 하였

2 구양수(歐陽修, 1007~1072) : 송(宋)나라의 학자. 자는 영숙(永叔). 당송팔대가(唐宋八大家). 매요신(梅堯臣)과 소순흠(蘇舜欽)의 시풍을 계승하였으며, 한편으로는 당(唐)나라 이백(李白)과 한유(韓愈)로부터 깊은 영향을 받아 각기 다른 제재를 탄력적으로 운용하였다. 저서에는 『新唐書』, 『新五代史』와 기타 시문집(詩文集)이 있다.

3 매요신(梅堯臣, 1002~1060) : 북송(北宋) 시인(詩人). 자는 성유(聖兪). 소순흠(蘇舜欽)과 함께 '소매(蘇梅)'로 불린다. 고시(古詩)에 관해서는 한유(韓愈)와 맹교(孟郊)에게, 오언율시는 왕유(王維)와 맹호연(孟浩然)에게 영향 받았다. 평담(平淡)을 작시(作詩)의 목표로 삼았으며, 서민들의 입장을 대변하는 시를 많이 지어 고음시인(苦吟詩人)으로 불린다. 저서에는 『宛陵先生集』 60권이 있다.

4 생지(生誌) : 살아있을 때 미리 지은 묘지(墓誌). 한양대 한국학연구소 제31차 정기 학술세미나 '혜환 이용휴의 문학정신(2000)'에서 발표한 정민 교수의 「18세기 우정론의 맥락에서 본 이용휴의 생지명고(生誌銘攷)」가 발표되었다. 여기에는 혜환 이용휴와 교유관계에 있던 인물들이 서로 생지명(生誌銘)을 지어주던 일들이 상세히 소개되어 있다.

다. 내가 여정이 병이 심한데도 기운이 오히려 쇠하지 않음을 슬퍼하여 그 평소에 여정을 알았던 것을 두루 논하기를 이와 같이 한다. 후세 사람이 여정을 알기를 구하려 할 때에 이 시집을 본다면 거의 여정이 여정이 되는 까닭을 잃지 않게 될 것이다. 정해년(丁亥年, 1767)[5] 윤달 가을 재간 병부(在澗病夫)[6]가 묵원(墨園)[7]의 벽지정사(辟支精舍)에서 쓰노라.

烟客許汝正嘗從余, 乞其生誌. 余謂墓之有誌, 誌其藏也. 今以生者而爲誌乎, 是何藏之可言哉. 汝正請之彊, 余誚其以名自喜, 久之不應. 夫汝正天下之窮者也. 然其名固有不待余誌而可傳焉者.

汝正生世六十年, 飢其腹, 凍其體, 顧其室, 空匱若洗, 無一物之有焉. 蓋觀乎其飮食起居, 言笑夢囈, 何往而非凝神聚思之時.

胠其篋, 得其平生所爲詩若干百篇. 大抵矜持太過, 愛惜太甚. 非良時佳景得接會心人, 不浪吟詠酬酢. 以故形於紙墨之間, 數亦不甚多, 細而味之, 音節淸亮, 格調感慨, 放浪詼譎, 陵夸佚肆. 於世皆可狎, 而於人無所嚴.

其憂愁阨迫, 懣憤無聊, 九區若不能容其身, 萬物若不足與爲偶.

---

5 당시 임희성의 나이 56세였다.

6 재간(在澗) : 임희성(任希聖, 1712~1783)의 호. 조선 후기의 학자. 본관은 풍천(豊川). 자는 자시(子時), 호는 간옹(澗翁)이다. 아비는 응교 광(珖)이며, 어미는 남양홍씨(南陽洪氏)이다. 1741년 생원시에 합격하여 음보(蔭補)로 효릉참봉(孝陵參奉)과 직장을 하였으나 얼마 안 되어 사직하고 귀향하였다. 「箴言」과 「至日十誡」 등을 지어 수신의 지표로 삼는 등 학문에 있어 실천의 중요성을 강조하였다. 『經書箚錄』과 『國朝相臣列傳』을 펴낸 바 있으며, 문집으로 『재간집』 3권이 있다.

7 묵원(墨園) : 임희성은 1766년 55세 때 서울 묵계(墨溪) 서동(西洞)에 우거하였다. 이곳을 가리키는 것으로 보인다.

其至也, 設奇託怪, 窮情極變, 或自造言語, 往往有不可究詰之氣度. 是非世之睢盱齷齪, 謹繩墨而遵規矩者, 所可髣髴其一二也.

汝正常謂余言. "古人云 '詩有別才別趣, 非關書, 非關理也.' 我東方詩家深於此道者, 自古而少. 槪之, 以膚率俚俗之見, 爲曼衍不切之語. 多積而博發者, 或短於藻采, 意順而辭圓者, 或乏於興象. 化工之肖物也, 千百人各具千百人之相貌, 精神意態, 則有萬不同. 今焉爲木偶土塑, 耳目口鼻, 間少參差, 其如精神之不生動何哉." 汝正此言, 殆有爲而道之耳.

嗟夫! 汝正以皓首一布衣, 半生遊太學上舍. 昕夕虀塩, 方且甘飫之不暇, 色憔悴, 氣半低摧, 人見之, 皆可易而侮之. 然其超詣絶出之材, 自然發露於外者, 如癡如俳, 若歌若哭, 驟而言之, 誠有不可以捉摸者. 歐陽子嘗稱梅聖兪之爲詩, 窮而後工, 工則逾窮者, 汝正無亦有所慕而爲之者歟.

今年夏, 汝正病甚. 余爲一訪其所居, 倚几礧礡, 譚古今詩人竟晷. 汝正忽喟爾曰, "子不可謂不知我, 猶靳我生誌, 毋寧序我所述作, 迨及我未死之見也" 余悲汝正病甚而氣尙不衰, 遂受而歷論其平素之知汝正者若此. 後之人欲求識汝正, 觀乎此集, 庶不失汝正之所以爲汝正者矣. 歲丁亥閏秋, 在澗病夫書于墨園之辟支精舍.

출전『在澗集』

마음이 깨끗함 澹泊

澹泊貧家事　담박한 가난한 집 일이니
無燈待月明　등불 없어 달 밝길 기다리노라.
折花難割愛　꽃 꺾으려 해도 사랑스럼 갈라내기 어렵고,
芟草忍傷生　풀 베려 해도 차마 산 것 상하게 하랴.
白髮應吾有　흰머리가 내게도 있을 것이니,
靑山復孰爭　푸른 산을 다시 뉘와 다툴 것인가.
狂歌當歲暮　미친 노래 부르다가 한 해 저무니
秋氣劍崢嶸　가을 기운 검처럼 한껏 높구나.

달빛 아래 국화 그림자. 원굉도[8]의 시운에 차운하다 月下菊影, 次袁稽勳韻

人情皆愛畵　인정(人情)이 그림을 다 좋아하는 건
世事揔非眞　세상일은 다 참된 것이 아니라서네.
取作燈前頰　등불 가져와 얼굴 앞에 대 놓으니
分爲水底身　두 줄기 눈물 흘러 몸에 흐르네.
空文晉甲子　글을 비워 놓은 건 진(晉)나라의 연호(年號) 때문이었고,[9]

8　원굉도(袁宏道, 1568～1610) : 중국 명(明)나라 말기의 문학자. 자는 중랑(中郎)이고 호는 석공(石公)이다. 37세 때에 계훈낭중(稽勳郎中)에 천거되었다. 고문사파(古文辭派)에 의한 의고운동(擬古運動)에 반대해 시의 진수(眞髓)는 개성의 자유로운 발로이며 격조에 얽매여서는 안 된다고 주장했다. 저서에 『袁中郎集』이 있다.

9　이 시구는 진(晉)나라 도연명(陶淵明)이 진(晉)나라가 망하고 송(宋)나라 시대가 되자 연호를 쓸 때 송(宋)나라의 연호(年號)를 쓰지 않고 갑자(甲子), 을축(乙丑) 등 간지(干支)로

淸夢楚騷人　맑은 꿈을 꾸었던 건 초(楚)나라의 소인(騷人)이었네.[10]

風動知難定　바람 불면 가만 있기 어려운 줄 알지만,

披離益有神　이리 저리 흔들댐이 더욱더 운치 있네.

선사(仙槎)[11]의 관아에서 종형인 허좌[12]의 시운에 차운하다. 속명은 평해이다 仙槎郡衙, 次從兄風雷堂韻, 俗名平海

白髮吾兄弟　백발이 되어 버린 우리 형제는

天涯歲月催　천애에서 세월이 재촉하누나.

長松沙路出　긴 소나무 숲엔 모랫길이 나있고,

流水縣門開　흐르는 물가에는 현문 열렸네.

嶺海誰非客　영해에서 누가 객이 아니겠는가.

乾坤只此盃　천지에는 다만 이 술잔뿐이도다.

浮雲京國遠　떠가는 구름 아래 서울이 머니,

游子幾時回　유자는 어느 때나 돌아올건가.

만 표기했던 일을 가리킨다.

10 이 시구는 전국시대 초(楚)나라의 애국시인(愛國詩人)이었던 굴원(屈原)이 혼탁한 세상에 살면서도 깨끗한 꿈을 가지고 살았던 것을 읊은 것이다.

11 선사(仙槎) : 강원도 울진현(蔚珍縣)의 옛 이름.

12 허좌(許佐, 1700~1753) : 자는 영숙(永叔)이고 호는 과용(戈舂)이며, 당호는 풍뢰당(風雷堂)이다. 덕천군수(德川郡守)를 역임했다.

학성(鶴城)[13]에서 가을날에 벽에 쓰다. 양주에서 鶴城秋日題壁, 楊州

酒盡官樓逈　술병도 말랐건만 누대는 멀고,
詩成河漢斜　시 다 짓자 은하수 비끼었도다.
他鄕生白髮　타향에서 흰머리가 생기었으나,
故國有黃花　고국에는 국화가 피어 있겠지.
歸雁南天濶　돌아가는 기러기는 남쪽 하늘이 넓고,
寒霜北地多　찬 서리는 북쪽 땅에 많이 내리네.
客衣秋漸薄　객의 옷은 가을에 점점 얇아지는데,
九月未還家　9월에도 돌아가지 못하고 있네.

선사의 오죽헌에서 차운하다 仙槎梧竹軒次韻

[1]

太守詩爲政　태수는 시 갖고서 정사를 삼아,
放衙必口占　관청 일 끝나면 꼭 입으로 시 읊었네.
荷香熏客酒　연꽃 향기는 객의 술에 스며들고,
山月宿官簷　산의 달은 관청의 처마에 묵네.
花鳥都重記　꽃과 새를 모두 거듭 기록하지만,
神仙例定兼　신선은 으레 꼭 겸해 쓰노라.
公庭秋寂寂　가을날에 고요한 공정(公庭)에서는
廚吏算魚塩　주방 관리 어염(魚塩)을 세고 있구나.

---

13 학성(鶴城) : 경기도 양주군의 옛 이름이다.

[2]

長日思鄉夢　긴 해에 고향 생각하는 꿈 꾸었는데,
思鄉日抵年　고향을 생각하니 하루가 일 년이네.
川晴人浴月　시내 맑으니 사람은 달 밤에 목욕하고,
林暮鳥投烟　숲이 저무니 새는 연기 속에 투숙하네.
僧舍官無事　절집 같이 관청에는 일이 없었고,
村衣妓可憐　시골 옷 입은 기생 가련하였네.
秪今賢太守　지금의 현명하신 태수께서는
初不用蒲鞭　애초부터 부들 채찍[14] 쓰지 않았네.

오죽헌

---

14 포편(蒲鞭) : 때려도 아프지 않게 부들로 만든 회초리. 후한의 유관(劉寬)은 자를 문요(文饒)라 했다. 그의 성격은 온화하여 어질었으며 깊이 용서하는 마음을 지녀 비록 남에게 불쾌한 일을 당했을 때에도 한번도 탓하는 말이나 화난 얼굴 표정을 짓는 적이 없었다. 하급 관리에게 잘못이 있으면 단지 부들채찍으로 때려서 욕을 보일 뿐이었다. 『後漢書』「列傳」과 『小學』「德行」 참조.

죽서루[15] 竹西樓

徙倚危欄集百憂　높은 난간 기대서니 온갖 근심 모이는데,
一川風雨爽新秋　온 시내의 비바람에 초가을 시원하네.
山當檻外應長在　산은 난간 밖에 당했으니 응당 길이 있을테고,
水到樓前不肯流　물은 누대 앞에 오자 흐르려 하지 않네.
天地狂歌多白髮　천지에서 광가(狂歌) 부르니 백발이 가득한데
江湖短褐有孤舟　강호에서 단갈 입고 외딴 배에 있었도다.
烟波十里蘆花[缺]　연파 깔린 십 리에는 갈대꽃 [缺]
浩蕩生涯羨爾鷗　호탕한 생애를 누리는 갈매기 부럽구나.

죽서루

15 죽서루(竹西樓) : 관동 팔경의 하나인 강원도 삼척 성내리에 있는 누각. 누 아래에 오십천(五十川)의 맑은 물이 흐르고 누대는 십여 길이나 되는 절벽에 있어 경치가 자못 아름답다.

다시 죽서루에 오르다[16] 更上竹西樓

雨後川長不可舟　비온 뒤 시내 불어 배를 띄울 수 없어,
獨憑危檻詠新秋　높은 난간 홀로 기대 초가을 읊어대네.
何當移坐沙頭望　언제나 모래판에 옮겨 앉아 바라볼까.
人在樓中不見樓　누각 안의 사람들은 누각을 못 보나니

남응태[17]의 목와 팔영이다. 병서(幷序)[18] 南上舍應泰牧窩八詠, 幷序

일 년에는 네 계절이 차례를 나뉘고, 하루에는 흐리고 맑은 기후가 다르다. 진사 응태씨가 촛불을 돋우어 팔목(八牧)을 완성하고 와액(窩額)으로 달았다. 봄은 춘목(春牧)으로써 하고 여름은 하목(夏牧)으로 하며, 가을은 또한 목(牧)이고, 겨울은 또한 목(牧)이다. 아침이 되면 목(牧)이고, 저녁이 되면 목(牧)이다. 비가 오면 목(牧)이고 날씨가 개면 목(牧)이니 먹이는 것을 가지고 일을 삼아서 한 해가 마치도록 바쁘게 지낸다. 그렇다면 언제나 먹이지 않게 되겠는가. 주인이 일생토록 지녔던 포부는 늙어서 쓸쓸하게 되었으나, 그 임금을 얻어 목민하겠다는 뜻을 소를 돌보는 것에 부쳐서 그러한 것인가? 그 뜻이 또한 상심할 만하다. 흰 돌은 찬란하고[19] 상(商)

16 이 시는 산(刪)이라 기록되어 있다.

17 남응태(南應泰, 1705~?) : 본관은 영양(英陽). 자는 달경(達卿). 미파(眉坡) 응대(應大)의 아우. 영조(英祖) 때 증광시(增廣試)에서 형과 함께 생원시(生員試)에 급제하였다. 태학(太學)에 있을 때 색향(色鄕)이며 시비사정(是非邪正)을 엄밀히 분석하니 학생이 모두 그를 존경하였다.

18 이 시는 산(刪)이라 기록되어 있다.

나라 사람들의 노래[20]가 격렬한데 붉은 기운에 관문을 나와서[21] 도경(道經)으로 우언(寓言)을 하였으니 관작(官爵)과 봉록(俸祿)에 마음을 두지 않고 높은 벼슬에도 머리를 가로 저었다. 편안함이 지휘함에 이루어지고[22] 추두[23]를 경영하여 목우를 하는 데에 숨어서 그것으로 즐거움을 삼아 마치 장차 평생토록 할 것 같이 여겼으니 그는 소가 우는 듯한 큰 종을 울리어서 국가의 성창함을 울릴 수가 없어서 였을 것이다. 하물며 이 사주(槎州)는 군의 집이니 석행(石行)[24]씨가 옛날 노닐던 땅이었다. 그런데 동관에 선치(仙治)하는 것이 여덟 가지에 으뜸이었다. 자리를 잡아서 세 칸을 기둥으로 세웠다. 쇠뿔을 치며[25] 여기에 노래하면서 한평생 누워서 쉴 곳으로 삼았다. 회우허씨(回牛許氏)에게 시를 청하였으니 알 수는 없지만 회우허씨 또한 목우하는 취미를 잘 아는가 모르는가. 함부로 들을 수만은

19 위(衛)나라 영척(甯戚)이 남산가(南山歌)를 불렀는데 자신이 제 환공(齊桓公)에게 쓰이기를 바라는 내용을 담고 있다. "남산은 선명하고 흰 돌은 찬란하도다. (…중략…) 세상에 나서 요순을 만나지 못하여 짧은 베로 지은 단벌 옷이 겨우 정강이에 이르네[南山粲粲, 白石爛爛. (…중략…) 生不遭堯與舜, 短布單衣纔至骭]"라고 하였다.

20 상가(商歌) : 춘추 시대 영척(甯戚)이 제(齊)의 환공(桓公)에게 등용되려고, 환공이 지나갈 때에 소의 뿔을 두드리며 불렀다는 노래. 보통 비통한 곡조의 노래를 말한다.

21 자기(紫氣)는 흔히 노자(老子)를 가리킨다. 한(漢)나라 유향(劉向)의 『列仙傳』에 "노자가 서쪽으로 가는데 관령(關令) 윤희(尹喜)가 멀리서 보니 자줏빛 기운이 관문 위에 자욱하고 노자는 푸른 소를 타고 지나고 있었다[老子西遊, 關令尹喜望見有紫氣浮關, 而老子果乘青牛而過也]"라고 했다.

22 『시경』「小雅」「無羊」에 이르기를, "네 양이 오니 씩씩하고 꿋꿋하며 이지러지지 않고 병들지 않았도다. 손으로 지휘하니 모두 와서 다 우리로 들어가도다[爾羊來思, 矜矜兢兢, 不騫不崩. 麾之以肱, 畢來既升]"라고 했다.

23 삼품추두(三品芻豆) : 품질이 좋은 사료(飼料). 값이 3품 관원의 급료에 상당하기 때문이다. 『新唐書』「奸臣傳上」「李林甫」에 "君獨不見立仗馬乎, 終日無聲, 而飫三品芻豆, 一鳴, 則黜之矣"라 했다.

24 석행(石行) : 신라시대 네 명의 국선(國仙) 중의 한 사람이다.사선은 영랑(永郎), 술랑(述郎), 안상(安詳) 등이다.

25 고각(扣角) : 벼슬을 구함. 춘추시대 위(衛)나라의 영척(寧戚)은 집이 가난하여 제(齊)나라에 가서 소를 먹이는 천한 일을 하던 중에, 환공(桓公)을 만나 쇠뿔을 치며 노래를 부르자 환공이 현인(賢人)임을 알고 상경(上卿)을 삼았다는 고사에서 온 말.

없으므로 억지로 떨쳐서 서문을 그 머리에 쓰고 사로써 뒤에 잇는다.

一年之內, 四時分序, 一日之間, 陰晴異候. 上舍應泰氏, 挑成八牧, 以扁窩額. 春以春牧, 夏以夏牧, 秋亦牧, 冬亦牧. 朝焉而牧, 夕焉而牧. 雨則牧, 晴則牧, 牧以爲事, 終歲矻矻. 然則何時而不牧也. 主人之一生抱負, 老而歷落, 其得君牧民之意, 寓之於牧牛而然歟. 其志亦可傷也. 白石爛爛, 商歌激烈, 紫氣出關, 道經寓言, 非心爵祿, 掉頭軒冕.

康濟於揮肱, 經綸於蒭荳, 隱於牧以爲樂, 若將終身, 惜其不能發牟然之洪鍾, 以鳴國家之盛也. 況此槎州 是君家, 石行氏舊遊之地也. 而東關仙治之甲於八者. 卜而築之, 三以楹之. 扣角而歌於斯, 以爲百年偃息之所. 請詩於回牛許氏, 未知回牛許氏, 亦能知牧牛之趣否耶. 不可以漫聽而强拂之, 序以弁其首, 詞以係其尾.

[1]

春牧牛　　　　봄에 소를 먹이니
牛牛山南與水陽　　소마다 산의 남쪽과 물의 북쪽에 있네.
細草靑靑薺花老　　가는 풀은 푸르고 푸르며 냉이꽃은 늙었는데
布穀一聲山日長　　뻐꾸기 한 소리에 산의 해가 길도다.

[2]

夏牧牛　　　　여름에 소를 먹이니
槐陰翳翳麥風凉　　홰나무 그늘 가려있고 보리 바람 서늘하네.
豊草長林寢或訛　　무성한 풀과 높은 숲[26]에서 자는 것이 더러는 거짓말이니,

26 무성한 풀과 높은 숲[豊草長林] : 시골에서 은거(隱居)했다는 뜻으로 쓴 것이다. 당(唐)나라 두보(杜甫)의 「進三大禮賦表」에 "臣生長陛下純樸之俗, 行四十載矣. 與麋鹿同群而處, 浪

笑殺吳天喘月光　오나라 하늘에 달빛 보고 헐떡임이 우습도다.[27]

[3]

秋牧牛　가을에 소를 먹이니

蒹葭野色何蒼蒼　갈대 우거진 들 빛은 어찌 그리 푸르른가.

荳花露晞秫葉翻　콩 꽃에 이슬이 마르고 수수잎 나부끼는,

一夜天風熟稻粱　하룻밤의 천풍(天風)[28]에 벼와 기장 익는도다.

[4]

冬牧牛　겨울에 소를 먹이니

十月山中多雪霜　시월의 산 중에는 눈과 서리 많이 오네.

荳穀初熟荳子爛　콩이 처음 여물어서 콩알을 볶아대니

燠室不愁無衣裳　따뜻한 방, 의상(衣裳) 없다 근심할 것 없도다.

[5]

朝牧牛　아침에 소를 먹이니

朝烟漠漠朝露湑　아침 연기 자욱하고 아침 이슬 맑도다.

山頭日出三竿高　산정상에 해 떠올라 세 간쯤[29] 높았으니

跡於陛下豐草長林, 實自弱冠之年矣"라 했다.

27 오나라~우습도다 : 오우천월(吳牛喘月)을 가리킨다. 오나라의 소가 달만 보아도 숨을 헐떡인다는 말로 어떤 일에 한 번 혼이 나면 비슷한 것만 보아도 미리 겁을 먹는다는 의미. 『世說新語』「言語」에 나온다.

28 천풍(天風) : 바람을 이른다. 바람은 천공(天空)에서 움직이기 때문에 붙여진 이름이다.

29 삼간(三竿) : 해가 지상에서 낚싯대 세 개의 길이 만큼 올라온 오전 시각을 말한다.

叱聲矇朧夢中去　소모는 소리 몽롱하게 꿈속처럼 지나가네.

[6]

夕牧牛　저녁에 소를 먹이니

一逕蒼蒼漁樵人　오솔길 아득한데 어부와 나뭇꾼일세.

背上青蒭帶斜陽　등위에는 꼴을 지고 사양 띠고 있는데

且趁昏鴉過別村　장차 저물녘의 까마귀 따라 별촌을 지나도다.

[7]

雨牧牛　비가 내릴 때에 소를 먹이니

暖日和風不常有　따뜻한 해와 따순 바람이 늘 있지 않도다.

簑衣篛笠歸去早　도롱이에 삿갓 쓰고 일찌감치 돌아가니

不妨前溪惡風雨　앞 시내의 모진 비바람에 방해 안되네.

[8]

晴牧牛　날이 갤 때 소를 먹이니

雨後晴光生白虹　비 온 뒤 맑은 빛에 하얀 무지개 떴네.

溪水新漲山雲濕　시냇물 새로 불고 산 구름 축축한데,

鵓鳩啼罷更晚風　비둘기 울고 나자, 다시 저녁 바람 부네.

불영사(佛影寺)에서 허좌 어른의 시에 차운하다 佛影寺, 次風雷令公韻

[1]

落月踈鍾後　지는 달은 성긴 종소리 뒤에 있고

高樓小雨前　높은 누대는 가랑비 앞에 있도다.

苦吟人易老　고음하는 사람은 쉽게 늙으나

安坐佛長年　편히 앉은 부처는 긴 세월 있네.

山色僧肩重　산 빛은 스님 어깨 무겁게 하고

泉聲馬足懸　샘물 소리, 말발굽에 걸리어 있네.

毒龍尊窟宅　독룡 있는 굴택을 존중하여서

不敢唾深淵　깊은 못에 침 뱉기를 감히 못하네.

불영사

[2]

石路登登險　돌 길이 험한 데를 거듭 오를 제,

筍輿或後前　가마가 더러는 앞뒤에 있네.

江山今日事　강산은 오늘날의 일인 것이고,

瓶鉢後生緣　바리때는 후생의 인연일 테지.

磬落中峰月　풍경소리 중봉의 달에 지었고,

鷄鳴下界烟　닭은 하계의 연기 속에 우노라.

山中無[30]曆日　산중에는 일력이 없을 것이니

楓葉驗流年　단풍잎으로 세월을 증험하누나.

이세익[31] 만시 李典簿世翼挽

[1]

藥翁高弟蓮峰孫　약옹[32]의 고제(高弟)이고 연봉[33]의 손자인데

詩禮兼將孝友敦　시례에 효우 겸해 돈독하게 살아가네.

恤典君家表世德　휼전[34]으로 그대 집안 세덕을 표창하여

30 원래는 결자이나 문맥상 무(無)로 보인다.

31 그에 대한 기록은 여러 곳에 보인다. 이익(李瀷), 『星湖全集』「挽李典簿」; 이용휴(李用休), 『歎數集』「李典簿世翼挽」; 이헌경(李獻慶), 『艮翁集』「李典簿世翼輓」; 채제공(蔡濟恭), 『樊巖先生集』「李典簿世翼輓」.

32 약옹(藥翁) : 오광운(吳光運, 1689~1745)을 가리킨 것으로 보인다. 본관은 동복(同福), 자는 영백(永伯), 호는 죽음(竹陰)과 약산(藥山)이다. 시호는 충장(忠章). 오상순(吳尙純)의 아들이다. 1719년에 문과에 급제, 벼슬은 예조참판을 지냈다. 시와 문장에 뛰어났다. 문집으로 『藥山集』이 있다.

33 이기설(李基卨)을 가리키는 것으로 보인다.

紫巖西畔入紅門　자암의 서쪽 언덕, 홍문으로 들어가네.

[2]

馬足微官久在塗　말 담당하는 미관으로 오래 길에 있어서

十年難得一銅符　십 년동안 하나의 동부[35]도 얻기가 어려웠네.

衿陽老屋多風雨　금양[36]의 늙은 집엔 비바람 많았으니

至恨三牲孝子廚　효자의 부엌에는 삼생[37]이 기막힌 한이었네.

[3]

湖西髟夢客愁餘　호서에서 표몽(髟夢)[38]은 객의 시름 남았는데,

驀地幽音仲範書　갑작스런[39] 부음은 중범[40]의 글이로다.

花竹軒中同醉錄　화죽헌 안에 동취록이 있는데

可堪仙字上頭題　어떻게 신선 선자 맨 머리에 쓰리오.[41]

---

34 휼전(恤典) : 정부에서 이재민을 구제하는 은전(恩典).

35 동부(銅符) : 동(銅)으로 만든 신부(信符).

36 금양(衿陽) : 경기도 시흥의 옛 지명.

37 삼생(三牲) : 소, 양, 돼지의 희생을 이른다. 여기서는 부모 봉양에 삼생을 갖추지 못한 것을 한스럽게 여겼다는 뜻이다.

38 표몽(髟夢) : 머리털이 긴 꿈. 여기서는 오랫동안 머리털을 매만지지 못했다는 뜻이다.

39 맥지(驀地) : 중국의 백화(白話)로서 '갑자기'라는 말이다.

40 중범(仲範) : 권사언(權師彦, 1710～?)의 자. 본관은 안동(安東). 1756년 문과에 급제한 후 부정자(副正字) · 정랑(正郎) 등을 지냄. 화죽헌(花竹軒), 산향재(山響齋) 등의 당호를 썼다. 처부(妻父)는 홍명원(洪命源, 洪晟의 부친)이다.

41 이 시구는 화죽헌(花竹軒)에 보관되어 있는 동취록(同醉錄)이라는 방명록에 기록된 이세익(李世翼)의 이름 위에 차마 선(仙)자를 쓸 수 있는가라는 의미로, 옛날 어떤 동아리 연명록(聯名錄)의 죽은 사람 이름 위에는 선(仙)자를 써서 표시했던 일을 이르는 말이다.

[4]

蒲葉榴花屬小秋　부들잎과 석류꽃은 초가을에 속했는데
孤舟五月上忠州　5월에 외딴 배로 충주에 올라갔었네.
危波忽退瞿塘水　높은 파도 홀연히 구당[42]의 물에서 물러났다고
莫喜灘連恐有愁　근심이 있을까 두려우니 이어진 여울을 기뻐하지 말아라.

약재(葯齋)에서 겨울밤에 여러 친구[43]들과 더불어 운자를 뽑아서 함께 짓다[44] 葯齋冬夜, 與僉益, 拈韻同賦

[1]

衰鬢唯吾輩　쇠한 귀밑 털은 오직 우리들 뿐 인데
明燈永此宵　밝은 등불에 이 밤을 길이 하노라.
悲懽今世極　슬픔과 기쁨은 지금 세상에 지극하지만,
詩酒古人遙　시와 술은 옛 사람과 멀기만 하네.
松憶曾攀樹　소나무 보니 일찍이 가지 잡던 일 생각나고,
香憖舊渡橋　향기는 옛날 건너던 다리가 사랑스럽네.
人間三萬日　인간 세상 살아가는 삼만 날 동안
休向此中消　이 안을 향하여 소모하지 말게 하라.

---

42 구당(瞿塘) : 중국 삼협(三峽)의 하나로 사천성(四川省) 봉절현(奉節縣) 동남쪽 양자강 상류에 있는 협곡임. 양쪽 절벽 사이 급류가 흐르는 곳에 기협(夔峽)과 염여퇴(灩澦堆)라는 여울이 있다.

43 첨익(僉益) : 여러 친구라는 뜻. 익(益)은 익우(益友)의 준말로 유익한 친구라는 뜻이다.

44 이 시는 산(刪)이라 기록되어 있다.

[2]

齋儒唯古色　서재의 선비는 오직 고색으로
民字縷紅衣　민자건(民字巾)에 올이 붉은 옷을 입었네.
有出皆徒步　나갈 때에는 전부 도보로 가니,
無人借樂歸　즐거움을 빌어서 가는 사람이 없네.
關扉村狗宿　사립문엔 시골 개가 잠이 들었고
騎火苑烏飛　말 타고 횃불 드니 동산 까마귀 나네.
話劇街鍾近　즐겁게 말하는데 거리 종소리가 가까웠으니
槐西數宿稀　느티나무 서쪽에는 몇 개의 별이 드무네.

흰 머리를 보고서 見白髮

數莖新白髮　여러 가닥 새로 난 흰 머리털은
傳我老消息　나에게 늙었다는 소식 전하네.
古來人不免　예로부터 사람들은 못 면했으니,
已矣何須鑷　그만두자. 어찌 꼭 뽑을 것이 있으랴.

백로도에 쓰다 題白鷺圖

爾毛通身白　너의 털은 온 몸에 새하얗고
我髮滿頭絲　내 머리털도 전부다 실처럼 희네.

試問映水看　묻노라. 물에 비친 네 모습이

何如照鏡悲　거울에 비친 내 슬픔과 어떻다 하랴!

반재에서 변건이 유양(維楊)[45]으로 가는 것을 전송하며

泮齋, 送邊栒叔建歸維楊

君家大被九州均　그대 가문의 큰 이불[46]은 구주[47]와 균등하니,

太學諸生三萬人　태학의 제생들이 삼만 명 되는구나.

明日楊州騎馬去　다음날 양주로 말 타고 떠나리니,

道峰山雨林宗巾　도봉산에 비 내려서 임종건[48] 적시리라.

---

45 유양(維楊) : 지금의 양주(楊州)를 가리킨다.

46 대피(大被) : 장침대피(長枕大被)란 말로 쓰인다. "긴 베개를 같이 베고, 큰 이불을 함께 덮는다." 여기서는 형제들이 우애한다는 뜻으로 쓴 것이다. 『당서』「三宗諸子傳」에, "현종이 태자로 있을 적에 큰 이불과 긴 베개를 만들어 여러 아우들과 함께 잤다[玄宗爲太子, 嘗製大衾長枕, 將與諸王共之]"라고 했다.

47 구주(九州) : 여기서 형제 간에 우애가 좋다는 뜻으로 쓴 것이니 구주황(九州璜)이라는 금(琴)의 명칭을 빌어 우애에 비유한 것으로 보인다.

48 임종건(林宗巾) : 임종은 동한(東漢)의 명사 곽태(郭泰)의 자. 그가 쓴 두건이 비에 젖어 한쪽이 꺾여 접혀졌는데 당시 사람들이 그것을 본받아 일부러 두건의 한쪽을 꺾어 임종건(林宗巾)이라 불렀다.

강세황[49]의 매화취조도에 쓰다 題姜豹菴世晃梅花翠鳥圖

情鳥近人睡　다정한 새는 사람 옆에서 졸고,
梅寒月欲缺　매화는 차고 달은 이지러지려 하네.
飛時莫蹴枝　날아갈 때 가지를 차지 말지니,
花落緣恐絶　꽃이 지면 부러질까 두려웁노라.

동교[50]에서 우연히 읊다[51] 東膠偶唫

時節春霖久　계절은 봄 장마가 오래됐지만,
人情晦夜明　인정은 그믐밤에도 밝기만 하네.
九重送掖隷　구중에서 액례(掖隷)[52]를 전송하고서,
一宿有書聲　하룻밤 잘 때 책 읽는 소리 있었네.
猩服青霞斂　성복(猩服)에는 푸른 놀 거두어지고,
緇巾白髮生　치건에는 흰 머리가 생기는구나.
兩齋來八道　팔도[53]에서 양재(兩齋)[54]에 찾아 왔으니,

---

49 강세황(姜世晃, 1712～1791) : 조선 후기의 문신 · 화가. 본관은 진주(晉州). 자는 광지(光之), 호는 표암(豹菴) . 호조와 병조의 참판을 지냈다. 서화에 뛰어나 1784년 천추부사(千秋副使)로 중국에 갔을 때 그의 서화를 구하려는 사람이 줄을 이었다 한다. 글씨는 왕희지(王羲之) · 왕헌지(王獻之) · 미불(米芾) 등의 서체를 본받았고, 전서(篆書) · 예서(隷書) 등 각체에 모두 신묘하였으며, 산수(山水) · 사군자(四君子)에도 뛰어났다. 시는 육유(陸游)의 풍을 본받아 독자적인 풍격을 갖추었다.

50 동교(東膠) : 주(周)나라 때의 대학 이름이다. 여기서는 성균관을 가리키는 것으로 보인다.

51 이 시는 산(刪)이라 기록되어 있다.

52 액례(掖隷) : 액정서(掖庭署)에 소속된 하리(下吏).

相對有無情　서로 대함에 정 있는 듯 정 없는 듯 하네.

임희수[55] 만시[56] 挽任希壽

[1]

七齡阿槖九齡烏　7세 때의 아탁(阿槖)[57]이고 9세 때의 양오(楊烏)[58]여서,

---

53 팔도(八道) : 조선의 행정구역은 경기(京畿), 충청(忠淸), 경상(慶尙), 전라(全羅), 강원(江原), 황해(黃海), 평안(平安), 함경(咸鏡)의 8개도로 구분되었는데, 고종33년(1896)에 현행의 13도로 개편되었다.

54 양재(兩齋) : 성균관의 동재와 서재를 가리킨다.

55 임희수(任希壽, 1733~1750) : 조선 후기의 화가. 본관은 풍천(豊川). 자는 불남(芾男). 승지를 지낸 임위(任瑋)의 아들이다. 어려서부터 천재 소년화가로 이름이 있었으나 17세에 요절하였다. 특히, 초상화에 재능이 뛰어나『肖像畫帖』3권이 전해온다 하나 현재『肖像草本帖』(국립중앙박물관 소장) 한 권이 알려져 있다. 강세황은 임희수의 집안과 친분이 두터웠으며, 임희수의 삼촌으로 시(詩)·서(書)·문장(文章)에 뛰어났던 임정(任珽)과는 처남 매부 사이였다. 이 화첩의 강세황 자화상은 임희수가 가필을 하였더니 그림이 더욱 살아나 강세황도 탄복을 아끼지 않았다고 전해오는『震彙續考』의 기록과 일치한다.

56 이덕무(李德懋),『耳目口心書』에 다음과 같은 기록이 나온다. 임희수(任希壽)는 옛날 승지(承旨)였던 임위(任瑋)의 아들인데 어렸을 적 자는 불남(芾男)이었다. 미목이 수려하여 마치 여자 같았다. 일찍부터 문에에 능하였으며 그림에는 더욱 신묘한 재주가 있었다. 그러나 나이 겨우 17세에 죽었는데, 그의 전신첩(傳神帖) 세 권이 전한다. 그 신첩에는 모두 한때 명사였던 사람들의 초상화가 들어 있었다. 그는 나이가 어렸기 때문에 일찍이 많은 인사들을 만나지 못하였다. 다만 그의 아버지가 상제가 되었을 때 높은 벼슬아치들이 찾아와 조문할 적에 임희수가 가만히 보고 그렸던 것이다. 또 길을 가다가 문득 명망이 있는 사람을 만나면 즉시 그 모습을 그리기도 했다. 집이 가난하여 물감을 갖출 수 없었으므로 대부분 먹만을 가지고 그렸는데도 모두 살아 있는 것처럼 생생하였다. 표암(豹菴) 강세황(姜世晃)은 자화상을 그렸는데, 여러 번 그렸지만 모두 만족하지 못하여 임희수에게 가지고 갔다. 임희수가 광대뼈 사이에 몇 번 가필(加筆)을 하니, 강세황의 실물과 아주 비슷하게 되었으므로 그는 크게 탄복하였다. 세마(洗馬)인 원계손(元繼孫)이 일찍이 말하기를, "이언진(李彦瑱)의 시와 임희수의 그림은 근세의 제일이다"라고 하였다. 아, 이언진 역시 27세에 죽었으니, 재주란 매우 상서롭지 못하다. 고전번역원의 번역을 따른다.

57 아탁(阿槖) : 항탁(項槖)을 가리킨 것으로 보인다. 그는 7세에 공자(孔子)의 스승이 되었다고 한다. 아(阿)는 흔히 성명의 위에 써서 친밀감을 나타내는 뜻으로 쓴다.

58 양오(楊烏) : 한(漢)나라 양웅(揚雄)의 아들인 동오(童烏)를 가리킴. 동오가 아홉 살 때 아버

夙慧如君古亦無 일찍부터 영리함 그대만한 이 없었네.
天下希珎人所惜 천하의 희귀한 보배여서 사람이 아꼈는데,
誰將如意碎珊瑚 누가 여의[59] 가지고서 산호를 깨부셨나.

[2]

十八年間一劇戲 18년간 한 차례의 장난같은 연극이었나,
石稜巖電夢依依 각진 모습 환한 눈빛이 꿈처럼 아득하네.
麒麟不是人間物 기린은 인간 세상 물건이 아니기에,
孔釋居然更抱歸 공자 · 석가, 뜻밖에도 다시 안고 돌아갔네.

[3]

是夜人天漠漠悲 이 밤 사람과 하늘이 쓸쓸하게 서글픈데,
風霆閃爍雨垂垂 바람과 번개는 번쩍대고 비는 후둑둑.
前身正是香巖女 전신이 바로 향암(香巖)[60]의 딸이어서,

지 양웅의 『太玄經』의 저술을 도울 정도로 총명하였는데 일찍 요절하였다.

59 여의(如意) : 등을 긁는 데에 쓰는 기구.

60 향암(香巖) : 향엄(香嚴)의 오자로 보인다. 향엄격죽(香嚴擊竹)이란 말로 유명하다. 당대(唐代)의 승려 향엄지한(香嚴智閑)의 일화에서 유래한 화두(話頭)이다. 향엄지한이 위산영우(潙山靈祐) 문하에서 공부할 때, 위산이 향엄에게 '그대가 부처께서 말씀하신 삼장십이부경(三藏十二部經)의 뜻을 의지하지 않고서 부모미생전(父母未生前)의 본래면목(本來面目)을 한번 말해 보게' 하자, 이에 향엄은 아무 말도 할 수 없었다. 향엄은 자신이 태어나기 전의 부모 모습을 말하는 것은 불가능한 일이라 생각하고 위산에게 답을 알려달라고 하였다. 이에 위산은 '나의 말은 그저 나의 견해일 뿐 그대의 안목에 어떤 도움도 주지 못한다'라고 대답하였다. 깨달음이 부족하다는 것을 느낀 향엄은 간직하고 있던 책을 모두 불태우고 남양혜충(南陽慧忠, ?~775)을 찾아가 정진(精進)하던 중 기왓장으로 대나무를 치는 소리에 크게 깨닫고는 향을 사르고 멀리 위산이 있는 곳을 향하여 절하였다. 이 화두의 특징은 깨달음은 수행이나 지식을 통해서가 아니라 대자연의 특별한 기회에 의해 얻어진다는 점을 강조하는 데에 있다. 『景德傳燈錄』과 『祖堂集』에 나온다.

此去應爲五戒師　이번에 떠나면 응당 오계(五戒)[61]의 스승 되리.

[4]

人世彭殤一浩歌　인간세상 장수와 요절[62]에 한번 호가(浩歌) 부르니,
佳兒甚少鈍兒多　잘난 아이 매우 적고 둔한 아이만이 많네.
山中樗櫟千章老　산속의 쓸모없는[63] 많은 나무 늙어 가는데,
風雨偏摧獨樹花　비바람이 혼자 있는 나무와 꽃만을 꺾었네.

[5]

壁上蛛絲硯上塵　벽 위에 거미줄, 벼루 위에 먼지인데.
書家三昧畵傳神　서화가(書畵家)의 삼매(三昧)로서, 그림이 전신(傳神)했네.
空將手裏丹青筆　부질없이 손 안에 단청하는 붓 가지고,
秖畵人間白髮人　인간 세상 노인만을 그리었노라.

---

61 오계(五戒) : 불교도이면 재가자(在家者)나 출가자(出家者) 모두가 지켜야 하는 가장 기본적인 생활규범이다. 1. 살생하지 않는다[不殺生]. 2. 도둑질 하지 않는다[不偸盜]. 3. 음행을 하지 않는다[不邪淫]. 4. 망령된 말을 하지 않는다[不妄語]. 5. 술을 마시지 않는다[不飮酒]라는 것이다.

62 『莊子』「齊物論」에 "상자보다 장수함이 없고 팽조는 요절한 것과 같다[莫壽乎殤子而彭祖爲夭]"라고 했다. 상(殤)은 20세 이전에 요절한 아이를 통틀어 이르는 말이고, 팽조(彭祖)는 800년이나 살았다고 하는 중국 전설 속의 인물이다.

63 저력(樗櫟) : 가죽나무와 상수리나무. 둘 다 목질이 나빠 목수가 거들떠보지 않는다 하여 재능이 낮은 사람을 비유하거나 자신에 대한 겸사(謙辭)로 쓴다. 『莊子』「逍遙遊」에 "吾有大樹, 人謂之樗, 其大本擁腫而不中繩墨, 其小枝卷曲而不中規矩, 立之塗, 匠者不顧"라 했다. 우둔하여 쓸모없는 사람이 지혜있는 자보다 오래 산다는 뜻으로 자겸(自謙)하는 뜻으로 쓰는 말이기도 하다.

[6]

篋裏秋生夜雨涼　상자 속에 가을 생겨 밤 비는 서늘한데,
貧家父子互衣裳　가난한 집 부자는 의상(衣裳)을 번갈아 입네.[64]
滿襟血淚那堪着　옷깃 가득한 피눈물은 어찌 견뎌 입으랴.
一寸金釘一寸腸　한 치의 쇠 못으로 창자를 한 치 찌르는 듯.

[7]

風範翛然望若仙　풍범[65]이 날듯하여 바라보면 신선 같으니
靈和柳色玉池蓮　영화전의 버들 빛[66]과 옥지의 연꽃 같네.
可憐守禦東門外　가련하구나! 수어대(守禦臺)의 동문 밖에선
不見騎驢美少年　나귀 탄 미소년을 볼 수가 없겠네.

[8]

薤歌凄切不堪聞　상여소리 처절하여 차마 못 듣겠는데,
落木秋江有斷雲　가을 강 잎 진 나무에 끊어진 구름 있네.
黃土何心埋玉骨　황토는 무슨 맘에 옥골을 묻었는가.
廣陵殘日欲斜曛　광릉에 지는 해가 해질녘 되려하네.

---

64 옷이 단벌이기 때문에 부자간에 서로 번갈아 가며 같이 입는다는 말이다.
65 풍범(風範) : 풍채 또는 모범이 될 만한 풍채.
66 무제(武帝)가 영화전(靈和殿) 앞에 촉류(蜀柳)를 심은 일이 있었다.

오명보가 산수를 그린 병풍에 쓰다 題吳命溥季時山水障子

一雨生幽意　한차례 비에 그윽한 뜻 생기는데,
山人初罷琴　산 사람 처음으로 금(琴)을 타길 마치었네.
村烟多暮色　시골의 연기에는 저물녘 빛 많으니
岡檻易秋心　산 정자의 난간에선 가을 마음 나기 쉽네.
樹爲鼯登老　나무는 다람쥐가 오르기 위해서 늙었고,
潭應虯臥深　못은 응당 규룡이 눕도록 깊었네.
亂峯溪路失　산봉우리라 시냇길 잃었으니
眞境更難尋　진경을 다시는 찾기 어렵네.

강세황의 매화 그림에 쓰다[67] 題姜忝齋世晃光之畫梅

低頭背面摠佯羞　고개 숙이고 얼굴 돌려 모두 부끄러운 체 하는데,
嫩泣輕顰一種愁　곱게 울고 살짝 찡그림은 일종의 수심일세.
嫁與東風誰氏子　동풍과 더불어 뉘에게 시집 갈까.
渭南楊柳最風流　위남의 양류[68]가 가장 풍류 있는데.

---

67 이 시는 작자가 강세황(姜世晃)이 그린 매화를 여인에 비유하고 그 여인의 배우자가 될 신랑을 양류(楊柳)로 설정하여 의인화한 작품이다.

68 위남의 양류 : 위수(渭水)의 버드나무를 가리킨다. 위수는 중국 진(秦)나라의 수도였던 함양(咸陽)곁을 흐르는 강물 이름. 그 지역에는 버드나무가 많았으니, 당(唐)나라 왕유(王維)가 「送元二使安西」라는 시에 "渭城朝雨浥輕塵 客舍靑靑柳色新"이라 한 것이 바로 이것을 이른 것이다.

또 패하첩에 쓰다 又題敗荷帖

搖落圓池一柄荷　쓸쓸한 둥근 못에 한 자루의 연꽃은
西風不耐夜霜多　서풍에 밤 서리가 많음을 못 견디네.
多情獨有天涯客　다정하게 홀로 있는 천애의 나그네는
腸斷江南一曲歌　강남 노래 한 곡조에 애 끊어지네.

김회의 후소홍류정도(後素紅流亭圖)에 쓰다 題金繪後素紅流亭圖

林木蒼蒼洞府幽　숲의 나무 무성하여 동부[69]는 그윽하고,
草亭蕭灑着巖頭　초정은 소쇄하게 바위 끝에 붙어 있네.
青崖缺處棹歌起　푸른 언덕 트인 곳에 뱃노래 일어나니,
不見湖光只見舟　호수 빛 볼 수 없고 배만 볼 수 있구나.

이제익 어른이 수원으로 돌아감을 전송하며 送李丈齊益歸隋城

雨中花謝固難留　빗속에 꽃 지는 걸 붙들기 어려운데
猩服緇巾懶不修　성복과 치건[70]을 게을러서 닦지 않았네.
漢水秋風從古淚　한강 가을바람엔 예로부터 눈물 졌으니,

---

69 동부(洞府) : 신선이 거처하는 곳.
70 성복(猩服)과 치건(緇巾) : 성복은 붉은 의복을 이르며, 치건은 검은 빛 두건을 이른다.

香橋夜月幾人愁　밤 달 뜬 향교에서 몇 명이나 시름했나?

天涯白髮千莖暮　천애의 흰머리는 천 가닥이 늙는데,

海上靑山數頃謀　바닷가의 청산은 몇 이랑 도모하랴.

鷄棲更深牛堗暖　닭의 홰엔 밤이 깊고 쇠죽 온돌 따뜻한데

妻兒相對一燈幽　처자식 마주 대한 등불이 그윽하네.

제천의 학명헌에서 김이만[71] 어른의 운자에 차운하다

堤川鶴鳴軒, 次鶴皐丈人韻

[1]

林亭不改舊淸幽　숲 속 정자는 옛날의 청유함 그대론데

惆悵重來已白頭　슬퍼하며 거듭 온 건 이미 백발 되어서네.

最是百年眞趣在　백 년 간의 참된 운취(韻趣) 가장 많이 있으니,

吳門烟月七灘舟　오문(吳門)에는 연월있고, 칠리탄(七里灘)[72]엔 배가 있네.

---

71 김이만(金履萬, 1683～1758) : 본관은 예안(禮安). 자는 중수(仲綏), 호는 학고(鶴皐), 청전(靑田), 동애(東厓) 등이다. 허필(許佖)의 장인이 된다. 1713년 문과(文科)에 급제하였다. 1724년 평안도사(平安都事)에 제수되었고, 1727년 예안현감(禮安縣監)에 제수되었다. 1740년에는 양산군수(梁山郡守)가 되었다. 이 때 수재(水災)를 막기 위해 자신의 녹봉으로 제방을 쌓았다. 백성들은 그의 선정을 칭송하여 비를 세우고, 그 제방을 청전제(靑田堤)라고 불렀다. 또 1745년에는 장령(掌令)으로서 사치스런 풍속과 수령의 탐욕을 고발함으로써, 영조(英祖)의 치하를 받았다. 1746년에는 서산군수(瑞山郡守)가 되었다. 문집으로 『鶴皐集』이 전한다.

72 칠리탄(七里灘) : 한(漢)나라의 중흥주(中興主)인 광무제의 옛 친구 엄자릉(嚴子陵)이 동강(桐江)에서 낚시질을 했던 여울 이름이다.

[2]

月嶺虎多檀嶺幽　월령에 범이 많고 단령[73]은 그윽한데,
漢陽歸客欲搔頭　한양으로 가는 객은 머리 긁적대려 하네.
新添夜雨應三尺　새로 밤비 더 내려 석 자는 불었으리니
明日忠江有去舟　다음날 충주강에 가는 배 있으리라.

임원[74]과 임준 형제가 가마를 받들고 중형의 아들인 문용(聞瑢)을 따라 장차 간성[75]으로 간다는 소식을 듣고 5언 단률을 지어 주었다. 수성(守城)은 속명으로 간성(杆城)이다

任聖與瑗·穉明竣昆季, 奉板輿, 隨仲兄子聞瑢, 將赴杆城, 贐以五言短律. 守城俗名杆城

仲兮毛義檄　둘째 형의 아들이 모의(毛義) 격문[76] 받들어,
棣萼映萱闈　형제[77]들이 어머니가 계신 곳 비추네.[78]

---

73 단령(檀嶺) : 이곳에 대한 시가 조수삼(趙秀三)의 『秋齋集』에 실려 있다. 「檀嶺 [檀之釋名爲朴達. 而定永間道有朴達嶺, 余以不典雅故改之]」에 "楚原西望碧孱顔, 望處那知此屢攀. 萬點海山爭夕照, 一場雷雨在人間. 縈廻去路如來路, 橫截西關及北關. 欲向峯顚留大刻, 從今應識釋名檀"이라 했다.

74 임원(任瑗) : 자는 성여(聖與). 『眞忘窩遺稿』 2권 1책이 장서각에 소장되어 있을 뿐 이 밖의 행적은 알려지지 않은 인물이다.

75 간성(杆城) : 강원도 고성군에 있는 읍. 영동 지방의 교통 요지이며, 관동 팔경의 하나인 청간정(淸澗亭)이 있다. 어항(漁港)으로 정어리가 많이 난다.

76 모의(毛義) 격문 : 후한(後漢) 때 모의(毛義)는 효행으로 이름이 높았다. 안양(安陽)의 수령으로 제수(除授)한다는 격서가 이르자 노모를 위해서 마음과는 다르게 관직에 나갔으나 노모가 죽자 그만두었다. 『後漢書』 「毛義列傳」 참조.

77 체악(棣萼) : 형제간에 서로 화락하게 지내는 즐거움. 『시경』 「소아」 「常棣篇」에 나온다. "상체의 꽃이 환하게 아름답지 않은가? 지금의 사람들은 형제만한 이가 없다[常棣之華, 鄂不韡韡? 凡今之人, 莫如兄弟]"라고 한 데서 유래하였다.

78 형제들이 어머니를 모시고 조카의 임지로 따라간다는 말.

雨細靑銅竹　비는 청동같은 대나무에 가늘고,

風暄白苧衣　바람은 흰 모시옷인데도 따스하네.

烟霞蘇滯疾　연하는 묵은 병을 소생시키고,

詞律得玄機　사율은 미묘한 이치를 터득했네.

此去東溟上　이번에 동명 가에 가게 됐으니,

君家有釣磯　그대의 집에는 낚시터가 있으리.

미인도에 쓰다 題美人圖

天桃高髻木魚鬢　천도같은 높은 머리에 목어 같은 귀밑 머리

紫的回粧草綠衣　자줏빛 회장을 단 초록 저고리로다.

應向碧藏新買宅　응당 벽장동[79]에 새로 집 샀으리니,

誰家今夜夜遊歸　오늘밤은 뉘 집에서 밤 늦게 놀다 올까.

시속의 염체로 짓다[80] 時俗艶體

剪板髮垂及屨長　널판을 자른듯한 긴 머리를 신발까지 드리우고

韓山白紵窄衣裳　한산모시 꽉 끼는 의상을 입었노라.

誰家美女生如許　누구 집 미녀가 저리도 발랄한가

79 벽장동(碧粧洞) : 한양에서 술집과 기생집이 집중해서 모여 있던 동네이름이었다.
80 이 시는 산(刪)이라 기록되어 있다.

空使行人枉斷腸　부질없이 행인들의 애간장 녹이누나.

종형 허좌 어른의 시에 차운하다 次從兄風雷令公韻

信手翻書落　마구 책장 넘기다 던져 두고서,
高軒睡味長　고헌에서 잠자는 맛이 길기도 하네.
開窓駈熱惱　창을 열어 더운 기운 내몰고서는,
移席就清凉　자리 옮겨 청량함에 나아갔노라.
村午鷄登屋　마을의 낮에 닭은 지붕 오르고,
倉閑羔上墻　창고 문이 닫히니 양이 담에 오르네.
相看非故國　서로 마주 보아도 고국 아니니,
時復强盃觴　때때로 다시 억지로 잔을 드네.

박필기[81] 만시 朴奉朝賀弼琦挽

[1]
高年未及到頤期　고령이 백 년에는 미치지 못했지만,

81 박필기(朴弼琦, 1677~1757) : 조선 후기 문신. 본관은 반남(潘南). 자는 아규(雅圭), 호는 무취옹(無臭翁). 세자시강원필선에 오른 태창(泰昌)의 아들이다. 1702년에 진사시에 합격하고, 1724년 목릉참봉(穆陵參奉)을 지낸 뒤 이듬해 장흥봉사(長興奉事)를 지냈다. 1727년 증광시에 합격한 후 여러 관직을 역임하였다. 1756년 나이 80세에 이르자 가선대부(嘉善大夫)로 승품되고 이듬해 가의대부(嘉義大夫)에 올랐다.

大勇曾聞賀少師　큰 용맹은 소사[82]라는 하례를 받았다고 들었네.
自是聖朝優老典　이로부터 성조에는 노인 우대하는 은전 있어,
不關階職有崇卑　계직(階職)의 높낮음에 관계 없었네.

[2]

三尊大爵隨人天　삼존[83]이란 큰 벼슬은 인(人) · 천(天)이 따라야만 하는데,
鶴髮翛然地上仙　흰머리 초연하게 지상의 신선이었네.
宮角聲中蔬筍色　궁각 소리 안에 나물과 죽순[84] 빛깔은,
不知毛宅有羊羶　모씨 집에 양 노린내[85] 있는 줄은 몰랐었네.[86]

[3]

青瑣何年早掇班　어느 해 궁궐에서[87] 일찍 벼슬 거두었나
天禮扶老日蕭閑　천선[88]과 지팡이로다 날로 한적하게 지내네.
文章編禮兼雙子　문장(文章)과 편예(編禮)[89]의 척자(雙子)[90]를 겸했으니,
石假山前木假山　석가산(石假山)[91] 앞에 목가산(木假山)일세.

---

82 소사(少師) : 벼슬에서 은퇴한 선비에 대한 경칭으로 쓴 것으로 박필기를 가리킨 말이다.
83 삼존(三尊) : 여기서는 천하사람들이 다같이 존중하는 세 가지라는 뜻인 삼달존(三達尊)의 준말이니 삼달존은 작위(爵位) · 연치(年齒) · 덕행(德行)을 이른다.
84 소순(蔬筍) : 채식을 하는 승려의 시문이나 말에 나타나는 독특한 기풍을 비꼬아 이르는 말.
85 양전(羊羶) : 양에서 나는 노린내를 말한다.
86 여기서는 잘 먹는다는 뜻. 자신은 검소하게 먹어서 고기를 먹지 못한다는 말.
87 청쇄(青瑣) : 임금이 있던 궁궐의 문을 이르던 말. 문짝에 푸른 칠을 칠했고, 잠그는 자물통이 있다.
88 천선(天禮) : 보이는 곳은 없으나 하늘에 지내는 제사(祭祀)라는 뜻으로 보인다.
89 문장(文章)과 편예(編禮) : 문장은 시(詩)와 산문(散文)등의 저술을 가리키며, 편예(編禮)는 그 가문의 전통에 의하여 편찬된 예법을 이른다.
90 척자(雙子) : 두 가지라는 뜻. 여기서는 문장과 편예를 가리킨다.
91 석가산(石假山) : 정원 따위에 돌을 모아 쌓아서 조그마하게 만든 산.

[4]

紛紛棗杏厄黃青　어지러운 대추, 살구는 황청으로 덮였는데
多少樓臺耀彩櫨　많은 누대들에는 채색 기둥 비추네.
李杜詩篇顔柳筆　이백, 두보의 시에 안진경[92]과 유공권[93] 글씨이니
古今能事海山亭　고금의 능했던 일 해산정(海山亭)[94]에 있었다네.

금천 현령 유성지 만시 柳衿川誠之原明挽

[1]

詩禮家中愷悌人　시예의 가문 중에 화평하고 단아한 이로,
遺芬長憶素閒春　끼친 향기는 소박하고 한가한 봄을 길이 생각했네.
何山墳桂初生子　어느 산에 무덤가 계수나무에 처음으로 열매가 열랴
泣對雙蘭說後因　울면서 두 아들 대하여 뒤의 인연 이야기 하노라.

---

92 안진경(顔眞卿, 709～785) : 중국 당(唐)나라 때의 서예가. 자는 청신(淸臣)이다. 노군개국공(魯郡開國公)에 봉해졌기 때문에 안노공(顔魯公)이라고도 불렸다. 평원태수(平原太守)로 있을 때 안녹산(安祿山)의 반란이 일어나자 의병을 거느리고 조정(朝廷)을 위하여 싸웠다. 784년 덕종(德宗)의 명으로 회서(淮西)의 반란군 이희열(李希烈)을 설득하러 갔다가 감금, 살해되었다. 왕희지(王羲之)의 전아(典雅)한 서체와는 달리 남성적인 박력과 균제미(均齊美)를 함께 갖추어 당대 이후의 중국 서도(書道)를 지배하였고, 많은 제자를 남겼다.

93 유공권(柳公權, 778～865) : 중국 당나라 때의 서예가. 자는 성현(誠懸)이다. 해서(楷書)에 특히 뛰어났던 인물로, 당시 벼슬아치의 비문에 유공권의 글씨를 쓰지 않으면 불효라고 여겼을 정도가 되었다. 주로 안진경(顔眞卿)을 본받았는데, 안진경에 비해서 유공권의 글씨에는 뼈가 많아서 함께 세간의 주목을 끌었다 한다. 이 두 사람이 서예계에 미친 영향이 커서 함께 '안유(顔柳)'라고 불렸다.

94 해산정(海山亭) : 박필기(朴弼琦)의 징자로 보인다.

[2]

鸞棘棲棲馬足官　난극[95]으로 바쁘다가 찰방이 되었으니
清聲百里鶴琴還　백 리에 청렴한 명성 남기고 학금으로 돌아왔네.[96]
萱堂剪髮無來客　어머니가 머리 잘라도[97] 오는 객이 없으니
恨殺專城未了歡　지방관으로 기쁨을 못 마침이 한스럽네.

[3]

是月前年哭我兄　지난해 이 달에는 나의 형 곡할 적에
君來見我慰孤惸　그대 와서 나를 보고 외로움 위로했네.
可憐一種鴒原淚　가련하도다! 같은 언덕 할미새[98]의 눈물은
許汝正同柳叔平　허여정과 유숙평이 똑같도다.

---

95 난극(鸞棘) : 탱자나무나 가시나무처럼 변변치 않은 나무에는 봉새나 난새와 같은 영조(靈鳥)가 깃들이지 않는 것처럼, 현사가 낮은 지위에 있어서는 안 된다는 뜻이다. 후한(後漢) 때 고성 영(考城令) 왕환(王渙)이 엄맹(嚴猛)한 정사를 숭상하다가, 동한(東漢) 때 구람(仇覽)이 덕으로 사람들을 교화시킨다는 말을 듣고, 그를 불러서 주부(主簿)로 삼고는 말하기를, "주부는 진원(陳元)의 허물을 듣고서 처벌하지 않고도 교화시켰다고 하는데, 매나 새매가 될 뜻은 없는가?" 하니, 구람이 "매나 새매가 되는 것은 봉새나 난새가 되는 것만 못합니다" 하므로 왕환이 사과하면서 말하기를, "탱자나무나 가시나무는 봉새나 난새가 깃들일 곳이 아니다[枳棘非鸞鳳所棲, 百里豈大賢之路]" 하였다. 『後漢書』 卷76 「循吏傳」 「仇覽」 참조.

96 송(宋)나라 때 문신 조변(趙抃)이 일찍이 성도 전운사(成都轉運使)로 부임할 때에 몸에 딸린 것이라고는 거문고 한 벌과 학 한 마리만 가지고 갔던 고사에서 유래한 말로, 청렴한 관직 생활을 의미한다. 『宋史』 卷316 「趙抃列傳」 참조.

97 절발역주(截髮易酒)를 말한다. 즉, 머리를 잘라 술과 바꾼다는 뜻으로, 자식에 대한 모정의 지극함을 이르는 말. 동진(東晉) 때 가난한 선비 도간(陶侃)의 집에 어느 날 손님이 찾아 왔는데 대접할 것이 없자, 그의 어머니가 머리를 잘라 팔아서 술을 사다가 대접하였다 한다. 『晉書』 참조.

98 언덕 할미새 : 척령(鶺鴒), 곧 할미새를 가리킨다. 걸어 다닐 때는 항상 꽁지를 아래위로 흔들어 화급(火急)한 일을 고하는 것 같으므로, 위급 · 곤란의 비유로 쓰인다. 척령재원(鶺鴒在原)이라고 하면 형제가 급한 일이나 어려운 일을 당하여 서로 돕는 비유로 쓰인다. 『시경』 「소아」 「상체」에 "할미새가 언덕에 있으니, 형제가 서로 어려움을 구해주도다[鶺鴒在原, 兄弟急難]" 한 데서 온 말이다.

[4]

彪字旅燈夢噩疑　표자(彪字)의 여등(旅燈)[99]에 악몽인가 의심이 되었는데,
明朝視莢不堪悲　다음날 아침 꼬투리[100] 보니 슬픔을 견딜 수 없네.
車前執紼居人後　수레 앞에서 집불[101]함이 남보다 뒤였으니
風雨春江一棹遲　봄강에 비바람 쳐 노 저음 늦어서였네.

[5]

春歸花謝淚潸潸　봄이 가고 꽃이 지니 눈물이 주르륵,
杜浦孫庄摠舊顔　두포와 손장은 모두가 옛날 모습이네.
綠樹陰陰黃鳥咽　푸른 나무 무성하고 꾀꼬리 우짖는데,
故人今葬道峰山　이제 고인을 도봉산에 장사 지내네.

[6]

青郊回首草離離　푸른 들을 돌아보니 풀만이 무성한데
舊要凋零我鬢絲　친구가 세상 뜨고 내 머리도 새하얗네.
亦知此去無多別　이번에 가면 많은 이별 없음 또한 알겠으니
未死之前後死悲　죽기 전에는 뒤에 죽는 사람이 슬퍼하리.

---

99 표자(彪字)의 여등(旅燈) : 여관에 있는 등불 모양이 표(彪)자와 같다는 말. 어떤 모양의 등불인지 알 수 없다.

100 꼬투리[莢] : 명엽(蓂葉)을 가리킨다. 중국 요(堯)임금 때 날짜를 가리키는 달력풀인 명협(蓂莢)의 잎. 초하루부터 보름까지 매일 한 잎씩 났다가, 열엿새부터 그믐날까지 매일 한 잎씩 떨어졌으므로 이것에 의하여 달력을 만들었다고 한다. 작은 달에는 마지막 한 잎이 시들기만 하고 떨어지지 않았다하여 달력 풀 또는 책력풀이라고 하였다.

101 집불(執紼) : 장송(葬送)할 때 절친한 조객(弔客)들이 상여나 관에 끈을 달아 끄는 것을 말한다.

겨울밤 화죽헌에서 주인 권사언과 함께 짓다

花竹軒冬夜, 與主人權仲範師彦, 共賦

小屋鵂岡接翠微　휴강(鵂岡)에 있는 작은 집 산허리에 접했는데,

柴門寥落客來稀　오는 손님 드물어서 사립문 쓸쓸하네.

隣窓臥伴寒梅宿　이웃집 창에 누워 찬 매화 짝해 잠 자고,

林雪行隨夕鳥歸　숲에서 눈 내릴 제 저녁 새를 따라왔네.

馬武何年酬壯志　마무[102]는 어느 해에 장한 뜻 수작했나.

蘧公今歲識前非　거백옥[103]은 올해에 지난 해의 잘못을 알았네.

自憐處處圖書帖　애닯구나! 곳곳의 그림과 서첩에,

多寫終南許布衣　은거하는 내 모습이나 자주 그리고 있으니.

후야[104]에 함께 짓다 後夜同賦

十載花軒上　십 년동안 화헌의 위에서는

何宵不此眠　어느 밤인들 이렇게 잠자지 않았던가.

窮途恩易感　궁한 길에서는 은혜에 감동받기 쉬웠고,

衰境志逾堅　노년에는 뜻이 더욱 단단해 졌네.

---

102 마무(馬武) : 후한(後漢)의 남양(南陽)사람으로 자는 자장(子張)이며, 광무(光武)를 따라 왕망(王莽)을 멸망시켰다. 술을 좋아하고 성품이 활달하였으며, 과감한 말을 잘하여 옳지 못한 것을 보면 면박을 잘하였다. 『後漢書』 卷22 참조.

103 거백옥(蘧伯玉) : 거백옥은 50세에 49세까지의 잘못을 알아 반성했다고 한다.

104 후야(後夜) : 밤중으로부터 아침까지의 일컬음. 밤중으로부터 아침까지의 근행.

飯幾聯同案　밥을 몇 번이나 같은 상에서 먹었고,
詩多寫一牋　시는 많이도 한 장 종이에 썼네.
才雖先後達　재주는 통달함에 선후가 있다지만,
年齒本相肩　나이는 본래 서로 엇비슷하네.

겨울밤 화헌에서 주인 권사언[105] 홍성,[106] 신광수,[107] 강세황과 운자를 뽑고 함께 짓다

花軒冬夜, 與主人權仲範師彥山響齋, 洪光國晟缶广, 申聖淵光洙石北, 姜光之世晃豹庵, 拈韻同賦

酒國除歡伯　주국(酒國)에서 술을 제수하였고
詞林築將壇　사림에서 장수의 단 축조하였네.
誰堅護法地　누가 우리의 모임을 견고하게 하는가?
難進步醫竿　의원에게 가는 장대에 나가기 어렵도다.

---

105 권사언(權師彥, 1710～?) : 본관은 안동(安東). 자는 중범(仲範). 장인은 홍명원(洪命源 : 洪晟의 부친)이다. 영조32년(1756) 문과에 급제.

106 홍성(洪晟, 1702～1778) : 조선 후기의 문신. 본관은 남양(南陽). 자는 광국(光國). 호는 부엄(缶广). 1723년에 문과에 급제, 승정원에 보직되었다가 1762년에 지평에 올랐다. 1772년에 가자(加資)되어 지중추부사에 이르러 기로소(耆老所)에 들어갔다. 시와 글씨에 능하여 문장과 시사(詩詞)가 고전적이었고, 만년에 더욱 조예가 깊어져 시체(詩體)가 청아하고 고조(古調)의 미가 있었으며, 필법 또한 능숙하였다. 문집으로 『夏雪遺集』이 있었으나, 현전하지 않는다.

107 신광수(申光洙, 1712～1775) : 조선 영조 때의 문인. 본관은 고령(高靈). 자는 성연(聖淵), 호는 석북(石北) 또는 오악산인(五嶽山人). 초기에는 벼슬길이 막혀 향리에서 시작에 힘쓰며, 채제공(蔡濟恭) · 이헌경(李獻慶) · 이동운(李東運) 등과 교유하였다. 또한, 윤두서(尹斗緖)의 딸과 혼인하였다. 시명을 세상에 떨쳤는데 특히 과시(科詩)에 능하였고, 「登岳陽樓 歎關山戎馬」(속칭 關山戎馬라고도 함)는 창(唱)으로 널리 불렸다. 저서로 『石北集』과 『石北科詩集』이 전한다.

筆驛風雲壯　필역[108]에는 바람과 구름이 장엄하고,
旗亭劍槊寒　술집에는 검과 창이 차가웁도다.
吟成仍飮至　음시(吟詩)가 완성되자 술이 이르니,
應作凱歌看　응당 개선가를 지어 보게 되리라.

다시 앞의 운자를 거듭하여 짓다 更疊前韻

地稱權氏洞　지역은 권씨 동네라 일컬어졌고,
山接李公壇　산은 이공의 단에 접하여 있네.
日月銷仙局　해와 달 뜰 땐 바둑으로 시간 보내고,
風雲斂釣竿　바람과 구름 일 땐 낚싯대 거뒀네.
賦梅詩動馥　매화를 노래하니 시에서 향기 진동하고,
畵雪筆生寒　눈 그리니 붓에서 찬 기운 나네.
且喜成窮老　기꺼이 궁핍한 노인네 되어,
燈前細字看　등불 앞에서 작은 글씨를 보아야지.

산회재(散懷齋)의 벽에다 쓰다 散懷齋題壁

吾門着脚正宜牢　우리 가문에 방문함은 정히 큰 잔치 베푸는 것이 마땅하니

108 필역(筆驛) : 주필역(籌筆驛)을 가리킨다. 제갈량(諸葛亮)이 주필역에서 출사표를 지었다는 고사가 있다.

君子持心不厭高　군자는 마음가짐 높게함을 싫어하지 않네
熊作丸嘗聊當肉　웅담으로 환약을 만드니 그런대로 고기에 진배없고,
螢收囊照豈須膏　주머니에 반디 거둬 비췄으니 어찌 기름 필요하랴.
十年匡嶽謫仙杵　십 년동안 광악(匡嶽)[109]에서 공부하던 이태백의 방아 공이였고,[110]
萬古雲霄諸葛毛　만고의 구름 낀 하늘에 제갈량의 홍모 같은 것이었네.
爾有三聲吾有喜　너에게 삼성[111] 있음 나에게 기쁨이니,
歸將此事勉兒曺　돌아가 이 일 갖고 아이들 면려 하리.

묵계의 벗들과 함께 동악 시단에 모여서 각자 짓다

與墨溪諸友, 會東嶽詩壇, 各賦

分日成佳會　헤어지던 날에 아름다운 모임 이루니
昨西今又東　어제는 서쪽에서 오늘은 또 동쪽이네.
眞慚衰老者　정말 부끄러운 건, 노쇠한 자가
亦入少年中　또한 소년들 틈에 끼어 있는 것이네.
詞客每來坐　사객이 매번 와서 앉아 있으니
古壇還不空　옛날 단이 도리어 비지 않누나.
蒼然有柏樹　창연한 동백나무 여기 있으니

109 광악(匡嶽) : 중국 강서성(江西省) 구강시(九江市)의 남쪽인 파양호(鄱陽湖)와 양자강(揚子江) 가에 있는 산. 주(周)나라 때 광씨(匡氏) 7형제가 이 산 밑에서 은거했기 때문에 붙여진 이름이라 한다.
110 적선저(謫仙杵) : 이백과 관련된 고사인 철저마성침(鐵杵磨成針)을 가리킨 것이다.
111 삼성(三聲) : 글 읽는 소리, 아이 우는 소리, 베 짜는 소리를 말한다.

猶帶昔人風　오히려 옛사람의 풍모 띠었네.

임원의 시에 차운하다 次任聖與眞忘窩韻

[1]

可憐貧聖與　가련하도다. 가난한 성여는
而已屋三間　집이 세 칸일 따름이로다.
畚土籬圍木　흙을 담아 나무 둘러 울 만들고,
織繩簾見山　실을 짜며 발 밖으로 산을 보누나.
養鷄更漏率　닭 키우며 새벽 일찍 일어났고
咬菜角商閑　나물을 씹으면서도 한가롭게 지내네.
欲共蓮城子　연성자와 함께 있고 싶어서,
時時與往還　때때로 서로 함께 오고 가노라.

[2]

五十平頭是　나이가 오십에도 평민(平民)의 머리이니
同庚伯仲間　나이도 동갑이고 처지가 백중일세.
文章多白髮　글 짓느라 흰 머리털 많아졌으니,
城市亦青山　성시에 있으나 또한 푸른 산이었네.
珂馬何人走　가마(珂馬)[112]는 어떤 이가 달려가는가.

112 가마(珂馬) : 화려하게 장식한 거마(車馬)라는 뜻으로, 조정의 특별한 명을 받은 사신의 행차를 의미한다.

琴棋是處閒　거문고와 바둑은 여기서 한가롭네.
新泥如斗屋　새 진창을 작은 집과 같이 여겨서
留客客忘還　머물러 있는 객이 돌아감을 잊었네.

화헌에서 밤에 검남(劍南, 陸游)의 시운을 뽑아 함께 짓다

花軒夜, 拈劍南韻, 同賦

一溪流水柳爲堤　흐르는 시냇물에 버들로 둑을 삼고,
君在東隣我在西　그대는 동쪽에 있고 나는 서쪽에 있네.
瘦骨和衣眠不穩　마른 몸에 옷 맞으나, 잠이 편치 못해서는,
病眸親燭見多迷　병든 눈으로 촛불 가까이 보니 많이 희미하네.
寒風紙閤淸香燼　찬바람 부는 지합에서 맑은 향을 사르고,
落月梅梢翠鳥啼　지는 달빛 매화 끝에는 푸른 새 우는구나.
四脚棋盤巖老手　네 다리 바둑판에 암로의 솜씨이니
莫將成敗較高低　성패를 가지고서 실력을 비교치 말라.

황대후[113]의 패사첩에 쓰다 題黃進士大厚浿社帖

側理裁來十笏寬　종이를 자른 것이 십 홀이나 널찍한데
詩文陶寫識餘歡　시문을 쏟아내니 남은 기쁨 알겠네.
休嫌艷質多生疥　고운 자질에 흠이 있다 꺼리지 말고
只恐賢人不着冠　다만 현자가 관을 쓰지 못할까 염려되네.
醉墨淋漓花露滴　이슬이 꽃에 떨어지니 취묵이 흥건하고,
舞毫飛動岳光寒　산빛이 싸늘하니 붓은 춤추듯 움직이네.
那將浿社重陽帖　어찌하면 패사의 중양첩 가지고,
鑑賞君家魯直看　그대 가문의 노직(魯直)[114]을 볼 수 있을까.

임준이 묵단의 연영(聯詠)에 이어서 쓰다 續題任稺明墨壇聯詠

獨超毛火界　모화(毛火)의 세계에서 홀로 뛰어나니
刹刹復塵塵　시끌벅적 왁자지껄 시끄럽도다.

---

113 황대후(黃大厚) : 이덕무(李德懋), 『靑莊館全書』 제66권 「入燕記」에 그에 대한 기록이 다음과 같이 나온다. 황대후(黃大厚)는 평양의 문사(文士)이다. 처음 나를 만나자, 내가 전일에 패강(浿江) 가에서 놀 때 지은 시를 외고, 차고 있던 칼을 풀어 잡히고 술을 사 와서 권했다. 이어 상사(上使)를 전송한 시를 외우면서, 문세가 기이하고 고상했다. 나는 그에게 이런 말을 했다. "평양성은 먹줄을 퉁긴 듯 질서 정연하지요. 성 밑에는 마을이 한 겹이고 다음으로 강이 한 겹이고 또 모래가 한 겹이고 유림(楡林)이 한 겹이어서, 청색 · 백색 · 초록색 · 검은색이 겹겹으로 정연하지요. 그야말로 기이한 구경거리가 아닐 수 없지요." 고전번역원 번역 참조.

114 노직(魯直) : 송(宋)나라 때 시인 황정견(黃庭堅, 1045~1105)을 가리킨다. 호는 산곡(山谷). 강서시파(江西詩派)의 창시자로 생전에는 소식(蘇軾)과 거의 같은 명성을 누렸고, 죽어서는 두보의 계승자로 추앙 받았다. 서가(書家)로서도 송대 4대가의 한 사람으로 꼽힌다.

大抵文章士　대저 문장을 하는 선비 중에서
無非知舊人　옛날에 알던 사람 아닌 이 없네.
風流前代遠　풍류가 전대와는 멀어졌으니,
花鳥幾番新　화조는 몇 번이나 새로웠었나.
最恨春無酒　가장 한스러운건 봄에 술 없어
游春不似春　봄에 놀아도 봄과 같지 않음이네.

종형 첨(襜)이 중원(中原)으로 가는 것을 전송하며 送宗兄襜歸中原

白吉更殘淡竹秋　백길[115] 다시 쇠잔하고 담죽[116] 있는 가을에
漢江明日有歸舟　한강에는 다음날 돌아가는 배 있으리.
英雄痛淚多三副　영웅의 통한 눈물 삼부[117]에 많으니,
不屬尋常送別愁　예사스런 송별의 수심에는 안 속하네.

---

115 백길(白吉) : 『莊子』「人間世」에 "휑하니 빈 방이지만 환하게 밝지 않은가. 길하고 상서로움이 축복도 빈 마음에 모인다네[虛室生白, 吉祥止止]"라고 했다.
116 담죽(淡竹) : 솜대. 대나무과에 속하는 대의 한 가지. 약 60년을 주기로 꽃이 피고 열매를 맺은 뒤에 흔히 그 나무는 시들어 죽는다고 한다.
117 삼부(三副) : 세 가지의 붓. 곧 율미(栗尾), 조핵(棗核), 산탁(散卓)으로 모두 붓[毛筆]이라 했다.

화헌의 겨울밤에 함께 짓다 花軒冬夜同賦

蟣虱交侵洗濯稀　드물게 빨래해서 이와 서캐가 번갈아 범하는데
尙餘亡室舊縫衣　죽은 아내가 기워준 옛 옷이 아직 있네.
流光任却堂堂去　세월은 부질없이 당당히 흘러가고,
此世其如事事違　이 세상은 아마도 일마다 어긋나겠지.
何處樓臺多喜色　어느 누대에 즐거운 기색이 많으며
幾人裘馬有光輝　몇 사람이나 갖옷과 말에 빛남이 있나?
禪家近得高峰偈　선가에서 요즘에 고봉(高峰)[118] 게송 얻었으니
萬法吾將一法歸　나는 장차 만법에서 일법으로 돌아가리.

또 육방옹의 운자를 뽑아서 함께 짓다 又拈放翁韻, 同賦

烟霜寒氣色　연기와 서리로 기색이 차가운데,
十月小春陰　시월 달에 소춘[119]의 광음이로다.
天地元多事　천지에는 원래부터 일이 많지만
吾生自有心　내 인생은 스스로 마음이 있네.
艾香爐火宿　쑥 향 나는 화롯불은 오래 되었고,

118 고봉(高峰) : 고봉원묘선사(高峯原妙禪師, 1238~1295)를 가리킨다. 그의 유명한 선시(禪詩)에 "萬法歸一一何歸, 只貴惺惺着意疑. 疑到情忘心絶處, 金烏夜半徹天飛"라는 시구가 있다.
119 소춘(小春) : 음력 시월을 달리 일컫는 말이다.

羲易閤梅深　복희씨의 주역[120]에는 합매가 깊네.
肩拍洪厓子　신선인 홍애자[121]의 어깨 치노니,
仙風爽滿襟　선풍이 온 옷깃에 시원하도다.

홍성이 지산(芝山)으로 돌아가는 것을 전송하며 送洪光國還芝山

茶竿裊裊縷烟青　다간죽은 하늘하늘 한 오리 연기는 푸른데
十月忠州匹馬行　10월에 충주 향해 한 마리 말 타고 가리.
湖海文章人易散　호해의 문장들은 사람 쉽게 흩어지니,
驛亭南北路多生　역정의 남북으로 많은 길 생겼다네.
黃花已是傷心色　국화꽃 이미 상심하는 빛깔이고,
落木胡爲撼耳聲　잎 진 나무는 어찌 귀 흔드는 소리 내나.
牛埉鷄窓歸去後　온돌방[122]의 닭 우는 창(고향집)에 돌아간 뒤에는
妻兒相對一燈淸　맑은 등불 켜놓고서 처와 아이를 마주하리.

120 희역(羲易) : 복희씨(伏羲氏)의 주역(周易). 『주역』의 기본이 되는 팔괘를 처음으로 그었다는 설에서 『주역』의 별칭으로 쓴다.

121 홍애(洪崖) : 상고 시대의 신선인 홍애 선생(洪崖先生)을 가리킨다. 진(晉)나라 곽박(郭璞)의 「遊仙詩」에 "왼손으로 부구의 소매를 잡아끌고 오른손으로 홍애의 어깨를 친다네[左挹浮丘袖, 右拍洪崖肩]"라 하였다.

122 우돌(牛埉) : 쇠죽을 끓이는 방의 온돌방을 이른다. 방이 매우 따뜻하다.

보안(保安)[123] 독우 김경지[124]가 임지로 가는 것을 전송하며[125]

送保安督郵金敬之元直之任

民政元從攻馬能　민정(民政)은 원래 공마[126]를 따라 능하니

自來淸顯始於丞　예로부터 청현은 찰방(察訪)에서 시작됐네.

八方都數三千匹　팔방은 모두 합쳐 삼천 필을 헤아리니,

仇火丹丘最駿乘　구화(仇火)[127]와 단구(丹丘)에서 최고의 준마를 탈 것이네.

기묘년(1759)[128] 입춘날에 임위[129]의 시에 뒤이어 차운하다

己卯立春日, 追次任景潤瑋韻

列居山下宅　줄지어 살고 있는 산 밑의 집엔

---

123 보안(保安) : 전라도 부안(扶安)의 옛 지명.

124 김경지(金敬之, 1710~1786) : 조선 후기의 문신. 본관은 강릉. 자는 원직(元直). 호는 집재(執齋). 윤증(尹拯)의 문인. 1753년 문과에 급제하여 승정원주서(承政院注書), 강원도보안역찰방(保安驛察訪)을 거쳐, 성균관전적(典籍), 예조좌랑을 지냈다. 1764년 병조정랑이 되고, 이어 강원도도사(都事)를 거쳐, 1770년 개성부경력(開城府經歷)이 되었으나, 1771년 당쟁에 연루되어 파면되었다. 1786년 사헌부지평(持平)에 임명되었으나 노론의 방해로 취임하지 못하고 그해에 죽었다. 특히 『중용』에 조예가 깊었으며 시문집 6권이 있다.

125 이 시는 산(刪)이라 기록되어 있다.

126 공마(攻馬) : 거공마동(車攻馬同)과 같다. 병거(兵車)가 견고하고 병마(兵馬)가 고름. 군비가 철저함을 이른다. 『시경』「小雅」「車攻」에, "우리 수레 이미 견고하고, 우리 말이 이미 가지런하여, 사마가 충실하니, 사마 타고 동녘으로 가도다[我車旣攻, 我馬旣同, 四牡龐龐, 駕言徂東]" 한 데서 온 말이다.

127 구화(仇火) : 경북 의성군에 있던 땅 이름으로 지금의 안동군 임하면에 해당한다.

128 이때는 1759년으로 그의 나이 51세였다.

129 임위(任瑋) : 본관은 풍천(豊川). 자는 경윤(景潤). 1742년 정시(庭試)에 급제. 아버지는 임수조(任守朝), 할아버지는 임익원(任翊元)이다.

鷄鬪距非遙　닭 싸우는 거리가 멀지 않은데,
意氣鵬搏海　의기는 붕새가 바다를 치는 것 같고,
文章鶴徹霄　문장은 학이 하늘에 닿는 것 같네.
餅尋蔓母市　떡은 만모(蔓母)[130] 있는 시장에서 찾고,
酒憶桂婆橋　술은 계파(桂婆) 있는 다리를 떠올리네.
第一新春會　제일가는 새 봄의 모임에서
烟鰥恨不邀　연환(烟鰥)이 맞이 못함 한스러웁네.

오언사[131]가 반인 광현의 집에 잠시 피해 살았는데 흰밥에 두부[132]를 주었으므로 장난삼아 한 편의 절구를 짓다

吳上舍彦思, 避寓于泮人光顯家, 設白飯軟飽, 戲作一絶

李白飯香杜甫湯　이백같은 백반에 두보같은 두부국이니
新年飮食亦文章　신년에는 음식 또한 빛나는구나.
携來泮水橋頭月　반수에 데려오니 다리 근처 달이 떠서
光顯家中話更長　광현의 집에서 이야기가 더욱 기네.

---

130 만모(蔓母) : 채제공의 『樊巖先生集』 「蔓餠歌」에 자세히 보인다.
131 오언사(吳彦思, 1734～1776) : 자는 욱여(勖汝)다. 오수채(吳遂采, 1692～1759)의 아들이다.
132 연포(軟飽) : 보통은 술을 마시거나, 유동식이나 부드러운 음식으로 배를 채우는 것을 이르는데 여기서는 두부를 가리키는 것으로 보인다.

세시음으로 임준에 받들다[133] 歲時吟, 奉任承宣埈稱明

非覺前非是覺今　예전의 그름 못 깨닫다 옳은 것 이제 깨달으니
中霄難忘少年心　한밤중에 소년 때의 마음 잊기 어렵도다.
掛角羚羊尋不得　영양(羚羊)이 뿔을 걸어 찾지를 못했으니[134]
開元以後後王岭　개원(開元) 이후에는 왕겸(王岭)[135]을 뒤로 했네.

임경관[136]의 집에서 임위와 함께 짓다 任司諫鏡觀光甫家, 與任景潤, 同賦

新僦南山第幾家　새로 남산의 몇 번째 집에서 모이니,
蕭然門巷可張羅　쓸쓸한 마을 입구는 새 그물 칠 만하네.
厓冰泉脉潺潺水　절벽 얼음의 천맥은 졸졸 흐르는 물이고,
溪樹春心怮怮花　시내 나무의 춘심은 허약한 꽃이도다.
調馬廐人晴刷櫪　말 길들이는 사람은 마굿간을 싹 쓸었고,
養鷄童子暖懸窠　닭 치는 아이는 둥지를 따스하게 매달아 놓았네.

---

133 이 시는 산(刪)이라 기록되어 있다.

134 시가 매우 절묘해서 인위적인 흔적이 보이지 않음을 비유한 말이다. 송(宋)나라 엄우(嚴羽)의 『滄浪詩話』에, "盛唐諸人, 惟在興趣, 羚羊掛角, 無迹可求. 故其妙處, 透徹玲瓏, 不可湊泊, 如空中之音, 相中之色, 水中之月, 鏡中之象, 言有盡而意無窮"이라 나온다.

135 왕겸(王岭) : 미상.

136 임경관(任鏡觀, 1693～1725) : 본관은 장흥(長興). 자는 광보(光甫)이다. 1725년 문과에 급제하고 옥구현감(沃溝縣監), 울진현령(蔚津縣令), 서산군수(瑞山郡守), 진주목사(晋州牧使), 장흥도호부사(長興都護府使) 등을 역임하고 대사성(大司成)에 이르렀다. 여러 지방 관직을 역임하는 동안 선정을 베풀었으며, 특히 울진(蔚珍)에 재임했을 당시에는 흉년을 당한 기민(飢民)들에게 자비(自費)를 풀어 전곡(錢穀)을 나누어주어 구휼(救恤)하였으며, 전세(田稅)를 막아주었다. 이에 왕이 후하게 포상하고 은마(銀馬)를 하사하였다.

可堪詩就還無酒　시 썼는데 도리어 술이 없음을 어찌 견디랴.
且吸靑烟一盞茶　또 푸른 연기에 차 한 잔 마시노라.

대흥산성[137]에서 박연폭포의 물이 마른 것을 보고 서글퍼 짓는다[138]

大興山城, 見朴淵水縮, 悵然有吟

可想前年雨足時　지난해 비가 넉넉했을 때를 생각할 수 있으니,
草根流出掛高枝　풀뿌리 흘러 나와 높은 가지에 걸렸었네.
今來無水還無恨　지금 오니 물 없어도 도리어 한 없는 건
無水兼無可洗詩　물 없으면 시도 씻을 수 없어서이네.

척형 이석 만시 李戚兄湊挽

吾哭吾兄淚未乾　내가 형을 곡하는데 눈물이 안 마르니,
何來挽帖助悲酸　어디서 온 만시첩이 슬픔[139]을 돕는가.
秋江缺月愁空宅　가을 강에 조각 달 떠서 빈 집이 수심겹고,
落日鳴蟬咽古壇　해질녘 우는 매미 고단에서 오열(嗚咽)하네.

---

137 대흥산성(大興山城) : 개성시 박연리에 있는 고려시대의 산성. 천마산성이라고도 한다.
138 이 시는 산(刪)이라 기록되어 있다.
139 비산(悲酸) : 비도산고(悲悼酸苦)를 가리킨다. 손아랫사람의 죽음을 당해 몹시 슬프고 마음이 쓰림.

學業未須皆得第　학업은 모름지기 모두 급제에서 얻는 것은 아니고,
文章何必盡爲官　문장을 잘 지어도 어찌 꼭 관원이 다 되던가.
可憐萱寢晨昏事　가련하도다. 어머니의 잠자리에 혼정신성 하는 일은
秖遣雙哀替問安　다만 두 아들로 하여금 문안을 대신했었네.

유숙평의 도계정사(道溪精舍)에 쓰다 題柳凝之叔平道溪精舍

道溪淸一曲　도계의 맑은 한 굽이에
家世舊河東　집안이 대대로[140] 옛날의 하동에 살았네.
棗栗兒孫大　대추와 밤나무로 아이들 컸고,
烟霞井落通　연기와 노을은 마을을 통하였네.
稻分相讓畔　벼는 서로 밭두둑 양보해[141] 나누었고
松聽不私風　소나무에서는 사사롭지 않은 바람을 들었네.
安得携琴局　어찌하면 거문고와 바둑판을 지니고,
生涯與子同　생애를 그대와 함께 할 수 있을까.

---

140 가세(家世) : 집안의 계통과 문벌.
141 양반(讓畔) : 토지(土地)의 경계선을 사양(辭讓)함. 당(唐)나라 때 효우 선생(孝友先生) 주인궤(朱仁軌)가 평소 자제(子弟)에게 이것으로 경계하였다 한다.

한남동 백석별업(白石別業)에서 정윤과 강세황과 함께 짓다

漢南白石別業, 與鄭運德潤及豹菴, 同賦

落木西風白露團　잎 진 나무 서풍 불어 이슬 방울 둥근데,
江山搖落莽愁端　강산은 쓸쓸하여 수심이 잔뜩 있네.
人情每說今年熱　인정은 매번 금년의 더위를 말하지만,
天氣俄成九月寒　천기는 갑자기 구월 추위 짓노라.
磵水何心終夜去　간수는 무슨 맘에 밤새껏 흘러가나?
山花自發少人看　산꽃은 절로 피어 보는 사람이 적네.
眉間一種烟霞色　눈썹 사이 일종의 연하 경색(景色)은 뵈니
十日同遊興未闌　십 일 동안 같이 놀아도 흥은 다하지 않네.

박시진이 제천으로 돌아가는 것을 전송하며 送朴陽川時晉歸堤峽

磵楓崖菊又西風　시내의 단풍, 벼랑의 국화에 또 서풍 부는데,
節物人情感慨中　인정의 감개함에 계절 경치 들어 오네.
湖山不負靑霞氣　호산은 청하한 기운 저버리지 않았는데,
天地何心白髮翁　하늘 땅은 무슨 맘으로 백발 늙은이 됐는가.
紫極星辰魂夢在　자미성과 북극성들은 꿈 속에도 있었고,
靑門車馬古今同　청문의 거마는 고금이 똑같았네.
燕超鶴老俱仙去　연초[142]와 학로[143]가 다함께 죽었으니
此別那堪上峽東　이 이별에 계곡의 동쪽에 오름을 어이 견디리.

박동현의 육우당 벽에 쓰다 題朴東顯彦晦六友堂壁

東郭春殘小雨餘　동쪽 성곽 늦은 봄에 가랑비 내린 뒤에

閑庭花落樹磨驢　한가한 뜰 꽃이 지고 나무 도는[144] 나귀 있네.

偶從車馬喧轟地　우연히 거마가 시끄러운 곳에서

偸得琴書澹泊居　거문고와 책이 담박한 곳을 찾아왔네.

箱簏相當分牝牡　상록은 빈모[145]를 구분하는 것에 상당하였고,

瓦松成列劇蕭踈　와송[146]이 열 이루니 쓸쓸함 심하도다.

凝川降岳俱弘長　응천(凝川)[147]에서 내린 악기(岳氣)가 모두 홍장(弘長)[148]했으니,

前後風流摠起余　앞 뒤 걸친 풍류가 모두 나를 일으키네.

---

142 연초(燕超) : 오상렴(吳尙濂, 1680~1707)을 가리킨다. 본관은 동복(同福), 자가 유청(幼淸), 호는 연초재(燕超齋), 택남(澤南), 제월(霽月) 등이다. 1700년 스무 살 되던 해에 향시에 1등으로 합격하였으나, 성시(省試)에 실패한 이후로 칩거하였다. 1704년 스물다섯 살 때 김이만(金履萬)과 함께 송곡(松谷) 이서우(李瑞雨)에게 시를 배웠다. 문집으로는『燕超齋遺稿』가 남아 있다.

143 학로(鶴老) : 김이만(金履萬, 1683~1758)을 가리키는 것으로 보인다. 오상렴과 김이만은 매우 절친하였다.

144 마려(磨驢) : 연자방아를 돌리는 나귀란 뜻으로, 무능함을 비유한 말이다. 소식(蘇軾)의「送芝上人游廬山」에 "돌고 돎이 방아 끄는 소와 같아, 걸음마다 묵은 자취만을 밟아대누나[團團如磨牛, 步步踏陳跡]"라고 했다.

145 빈모여황(牝牡) : 빈모여황(牝牡驪黃)을 가리킨다. 사물의 본질은 반영하지 않고 겉으로 드러난 현상만을 비유하는 말.『列子』「說符」참조.

146 와송(瓦松) : 돌나물과에 딸린 늘 푸른 여러해살이풀. 잎은 살이 많고 두툼하여 바윗솔과 비슷하나 좀 가늘고 잎 끝이 바늘처럼 뾰족하다.

147 응천(凝川) : 밀양(密陽)의 옛 이름.

148 홍장(弘長) : 여기서는 크고 길다는 말로서 밀양의 진산(鎭山)이 크고 긴 것을 형용한 말이다.

설날 강진에서 읊어서 임위 어른에게 주다 康辰元朝, 吟呈紫厓任令

夢放投禽藹善端　꿈에서 들어온 새를 풀어 줬으니[149] 선한 단서가 무성한데
禪機療疾破除難　선기[150]로 병 치료하니 깨뜨려서 없애기 어렵네.
臨瀛荳蔻多含子　강릉의 두구[151]는 씨를 많이 지녔으니
不慱鐂家黑牧丹　유가의 흑목단을 걱정하지 않노라.[152]

---

149 옛날에는 천적을 피해서 집으로 뛰어 들어온 새는 불쌍히 여겨서 풀어주곤 하였는데, 여기서는 이 일을 가리키는 것으로 보인다.

150 선기(禪機) : 1. 선법(禪法)의 요체(要諦). 2. 선종(禪宗)의 승려가 설법할 때에 기미(機微)와 비결이 내포된 언행이나 사물을 이용하여 교리를 깨우치게 하는 일. 원문에는 비(裨)로 되어 있으나, 선(禪)의 오자로 보인다.

151 두구(荳蔻) : 식물 이름. 일명, 초두구(草荳蔻) · 백두구(白荳蔻). 열매와 종자는 약으로 쓴다.

152 이규경(李圭景), 『五洲衍文長箋散稿』에 다음과 같은 구절이 나온다. 송나라 진수은의 『수은만록』에 다음과 같이 나온다. 오서재 혁이란 사람이 소잡는 것을 경계하여 말하였다. 소가 쟁기를 지고 있더니 잠시후에 한 바퀴를 돌아오자, 소는 없고 사람이 대신 밭갈이를 하고 있는데, 네 사람이 힘을 다하여 밀고 있었다. 네 사람이 고달펐으나, 소 한 마리가 끄는 쟁기만도 못했다. 소 한마리가 네 사람의 장부에 해당했으니, 힘이 큰 것이 이와 같았다. 농부는 소로써 생명을 삼으니, 소를 사랑하기를 자식을 사랑하는 것과 같이 한다. 그런데 자식을 사랑하는 것은 오직 상처를 당할까 두려워하는 것이니 소 잡는 것을 어찌 차마 할 수 있는가. 소 잡는 것은 나라의 금법이니 소를 잡으면 하늘이 재앙을 내리는 것이다. 검은 목단을 가져다가 해마다 꽃이 피기를 기다린다. 당나라 말기에 유훈이란 자가 있었는데, 서울에 사는 부자였다. 서울에서는 으레 봄이면 놀이를 가는데, 목단을 보는 것을 좋은 구경거리로 삼는다. 유훈이 손님들을 맞이해서 꽃을 감상했는데, 무소 수백 마리를 문의 좌측에다 매어 놓았다. 손님들이 모두 깔깔 대고 웃으며 말하기를 "이것은 바로 유씨 가문의 흑목단이다"라고 했다[宋 陳隨隱, 『隨隱漫錄』, 吳恕齋革. 戒宰牛曰. 有牛負犁者, 俄頃一週回, 無牛人代耕, 四夫盡力推. 四夫力雖疲, 不如一牛犁. 一牛當四夫, 功力大如斯. 農以牛爲命, 愛牛如愛兒. 愛兒惟恐傷, 殺牛何忍爲. 宰牛國有禁, 殺牛天所災. 留取黑牧丹, 年年待花開. 唐末有劉訓者, 京師富人也. 京例春游, 見牧丹爲勝玩. 訓邀客賞花, 而繫水牛累百於門左. 客共笑曰, "此乃劉家黑牧丹也"].

여러 친구들과 함께 북한산에 가서 명나라 사람의 운자를 뽑아서 각자 짓다 與僉益, 往北漢, 拈明人韻, 各賦

行行踏石又穿林　가고 가며 돌을 밟고 또 숲을 뚫으니
春早山花㤼㤼心　이른 봄 산꽃은 허약한 마음일세.[153]
倦脚休時鼯走捷　게으른 다리 쉴 때에 다람쥐 민첩하게 달리고,
暮笻投處佛光深　저물녘 지팡이 던진 곳에 불광(佛光)이 깊도다.
疎鍾客語中峯月　성근 종소리와 객의 소리 들릴 때에 중봉에는 달이 떴고,
萬木僧歸半嶺陰　스님 숲에 돌아갈 제 고개 절반 그늘졌네.
蠹老螢乾前日事　좀은 늙고[154] 반디 마른 것은 전날 일이니,
拂塵紅壁舊題尋　붉은 벽에 먼지 털고 옛날 쓴 것 찾았노라.

박동현의 집에서 사람들과 함께 짓다 企臺朴彦晦家, 與諸人, 同賦

殘花耿耿惜春餘　지다 남은 꽃 환하여 남은 봄 애석한데,
琴友歌朋迭送書　거문고 타고 노래 하는 벗들이 번갈아 편지 보냈네.
是處林園多好趣　이곳의 임원은 좋은 아취 많은 곳이니,
誰知城市且幽居　누가 성시에 또 유거가 있는 줄 알겠는가.

---

153 이 시구는 '봄이 이르기 때문에 산에 있는 꽃들이 겁을 먹은 마음이 있어서 활짝 피지 못하고 있다'는 뜻이다.

154 좀은 늙고[蠹老] : 여기서는 고서를 잘 갉아 먹는 좀 벌레가 오래도록 책을 갉아 먹었다는 뜻으로 쓴 것이다.

君今無酒那能過　그대 지금 술 없다면 어찌 능히 지나갈까
吾亦於詩已太踈　나 또한 시에 대해 너무나 소략하네.
不必淸音絲與竹　반드시 맑은 소리에 악기들 필요 없으니,
風松時復韻生虛　솔바람에 때때로 다시금 운치가 허공에 나네.

임위 어르신의 시에서 차운하여 필묵을 여러 젊은이들에게 보여주다 次紫厓任令韻, 示筆墨諸君

南麓游回北麓游　남쪽 기슭에서 놀다 돌아와 북쪽 기슭에서 노니,
游春鞍馬引朋儔　노는 봄에 말을 타고 친구들 끌어냈네.
川渠歌動千家曉　시내와 도랑에 노래가 진동하는 천 집의 새벽이고,
山鳥啼來一院幽　산 새가 울어대는 정원이 고요하네.
有月有花惟我在　달과 꽃이 있는데 오직 나만이 있고,
無妻無酒與誰謀　처도 술도 없으니 뉘와 함께 도모하랴.[155]
豹菴烟客何須挽　표암과 연객을 어찌 굳이 만류하랴.
最是春光不可留　가장 좋은 봄빛에도 머물러 둘 수 없는데.

155 처도~도모하랴 : 아내도 없고 술도 없으니 누구와 함께 도모하랴. 이 문구는 송(宋)나라 문장가인 소식(蘇軾)의 「前赤壁賦」에 나온다.

임단(臨湍)의 백학산(白鶴山) 아래에서 종형의 옛집 유허를 찾았는데 감회가 있어서 읊다 臨湍白鶴山下, 尋從兄舊窩遺墟, 感而有吟

아래로 어느 곳인가를 가리키는데, 지금은 모두가 농사를 짓고 있으니 면목이 어렴풋해서 적실하게 알 수 없으므로 감회가 있어서 읊다
下指點某處, 今皆耕種, 面目依俙, 未能的知, 感而有吟.

三十年前舊布衣　삼십년 전 옛날의 포의가
重來此地夢依依　이 땅에 거듭 오니 꿈처럼 어렴풋하네.
遼陽城郭傷心事　요양의 성곽에서 상심(傷心)이 되는 일은,
白鶴山中白鶴歸　백학산 속으로 백학이 돌아와서네.

조카 부의 양서[156]에 있는 보가당(寶稼堂)에 쓰다 題溥侄瀼西寶稼堂

衽金前契業　갑옷 입고 전쟁터 나간 건[157] 전날의 계업(契業)이었고,
披襫後農桑　비옷 입은 건 뒷날의 농상(農桑)[158]이었네.
植杖青山近　지팡이를 세우니 푸른 산이 가깝고,[159]

---

156 양서(瀼西) : 사천성(四川省)에 있는 지명이다. 두보(杜甫)가 일찍이 여기에 이사하여 살았었다.
157 임금(衽金) : 갑옷 입고 전장에 나간다는 뜻. 『中庸』에, "갑옷과 병기를 입고 차고 전장에 나가서 죽어도 싫어하지 않는다[衽金革, 死而不厭]" 하였다.
158 농상(農桑) : 농사일과 뽕나무 가꾸는 일. 보통 의식(衣食)을 이르는 말로 쓰인다.
159 도연명(陶淵明)의 「歸去來辭」에 "或植杖而耔"라 했다.

騎牛白日長　소를 타고서 가니 대낮이 기네.
屝鞋當駟馬　짚신은 사마(駟馬)에 해당하였고,
橡栗乃糇糧　도토리와 밤은 바로 마른 양식일세.
寓慕仍增築　깊이 사모해 거듭 증축을 하고,
扁名寶稼堂　편액을 보가당이라 붙이었노라.

원굉도의 병화 시에서 차운하다 次袁中郎瓶花韻

白瓶如膽小　흰색 화병이 쓸개 같이 작은데,
揷以紅蓮花　붉은 연꽃 거기다 꽂아 놓았네.
雙樹忌省曺　한 쌍의 나무가 서리[160]를 꺼리듯이
的對嫌詩家　꼭 맞는 댓구[161] 채우는 시가를 혐오하네.[162]
位置何須整　위치 어찌 모름지기 정돈을 하랴.
放頓亦宜斜　그냥 두니 또한 비스듬함 어울리네.
誰知陋巷貧　누가 알리오. 누항에서 가난해도
不羨金谷奢　금곡[163]의 사치 부럽지 아니함을.
改浸頻汲井　물을 다시 주기 위해 자주 우물 물 긷고,
護香罷煎茶　향기 지키려고 차 달이는 것 그만뒀네.[164]

---

160 성조(省曹) : 형조(刑曹). 여기에서는 서리 같은 위엄을 뜻하는 말인 것 같다.
161 적대(的對) : 가장 기본적인 대구(對句). 또는 적실(的實)하게 맞는 대구. 곧 천(天)에는 지(地)를, 산(山)에는 곡(谷)을, 동(東)에는 서(西)를 이르는 따위이다.
162 너무 전문가처럼 꾸미는 것보다 비전문가가 더 좋다는 말.
163 금곡(金谷) : 진(晉)의 전설적인 부자인 석숭(石崇)의 별장이 있던 곳. 석숭이 이곳에서 문사(文士)들과 화려한 잔치를 벌여 술을 마시고 시를 읊으면서 즐겼다.
164 연꽃 향기 보호하느라 차도 마시지 않았다는 말.

牀頭謾作史 상에서 되는대로 병사(甁史)[165] 지으니,
人情戀物華 인정이 경치를 그리워 해서이네.

또 양성재[166]의 시운에 차운하다[167] 又次楊誠齋韻

安敦心猶細 안돈(安敦)[168]해도 마음은 오히려 섬세하여,
揷柄情更惕 자루를 꽂아도 정은 다시 겁이 나네.
風狂莫吹衣 바람아! 미칠듯이 내 옷에 불지 말라
露重如啼頰 이슬 흠뻑 내리니 우는 볼 같네.
皭然君子摻 깨끗함은 군자가 반가워서 잡는 것이고
守口兼防堞 입 다물면 겸하여 성첩(城堞)도 되네.
花葉非稠疊 꽃과 잎이 다닥다닥 붙은 것은 아니나,
色香何煒爗 색깔과 향기는 어찌나 빛나는가.
荃畵多骨沒 심전[169]의 그림은 몰골법[170]이 많았고,

165 원굉도도 병사(甁史)를 지은 바 있다.
166 성재(誠齋) : 양만리(楊萬里, 1124~1206)의 호. 송(宋)나라 때 시인. 자는 정수(廷秀). 길주(吉州) 사람. 일찍이 장준(張浚)이 성의정심(誠意正心)의 학(學)을 권하였으므로 서재 이름을 성재(誠齋)라 지어 성재선생(誠齋先生)이라 불리웠다. 그는 육유(陸游)·범성대(范成大)와 병칭(幷稱)된다. 저서로는 『誠齋易傳』, 『誠齋集』 등이 있다.
167 이 시는 산(刪)이라 기록되어 있다.
168 안돈(安敦) : 여기서는 마음이 안정되고 돈독하다는 뜻으로 쓴 것이다.
169 심전(沈銓, 1682~1760?) : 심전(沈銓)이나 심전(沈荃)으로 보인다. 내용상으로 보면 심전(沈銓)으로 보아야 하나, 확실치 않다.
170 몰골법(沒骨法) : 동양화, 특히 중국회화의 기법. 골(骨)이란 회화성립의 한 요소인 구체적 필선(筆線)을 가리키며, 몰골은 필선의 부정(否定)이라는 뜻이다. 윤곽선을 나타내지 않고 선염(渲染)을 사용하여 화면효과를 올리는 색채주의적인 화법으로 윤곽을 선묘(線描)로 마무리짓는 구륵법(鉤勒法)과는 대극을 이루나, 이 기법들은 모두 화조화(花鳥畵)에 사용되었다.

昌筆或紙摺　동기창[171]의 글씨는 혹은 종이가 접히기도 했네.
依然七寶臺　의연한 칠보대(七寶臺)는
如來侍伽葉　여래를 모시었던 가섭[172] 같도다.
彈丸如脫手　탄환이 손에서 벗어난 것 같아서,
我鈍輸爾捷　내가 둔해도 너를 빨리 지게 하리라.[173]

동문 밖에 있는 김씨의 재간정에 올라서 여러 사람들과 함께 짓다

上東門外金氏在磵亭, 與諸人, 同賦

日日在家飯　날마다 집에서 먹는 밥은
無如此水頭　이 물가에서 먹는 것만 못했네.
泉聲來短策　샘물 소리 들으며 단장을 짚고 와서,
山色上高樓　산 빛 보며 높은 누대 올라왔노라.
西日遲何暮　서쪽 해는 어찌 더디 저물어 가나?
東城近不愁　동쪽 성이 가까워 근심하지 않노라.

---

171 동기창(董其昌, 1555～1636) : 명(明)나라 서화가. 자는 현재(玄宰), 시호는 문민(文敏). 벼슬은 예부상서(禮部尚書)에 이르렀고, 숭정(崇禎) 9년(1636) 83세에 죽었다.

172 가섭(迦葉) : 석가모니 십대제자 중의 한 사람이다. 브라만 집안에서 태어나 결혼했으나, 부부가 함께 출가했다. 그 후 석가모니를 만나 그의 초기 제자가 되었고, 1주일 뒤 깨달음을 얻어 아라한(阿羅漢)이 되었다. 이때 자신의 새 가사(袈裟)를 석가모니에게 바치고 그의 낡은 가사를 받아 늘 착용하였다. 그는 두타행(頭陀行)을 계속 지켰으므로 '두타 제일'이라는 칭찬을 받았다.

173 장백(將伯) : 어른에게 도움을 청함. 또는 베풀어준 도움. 『詩經』「小雅」「正月」에 "그 수레에 짐을 싣고 마침내 보(輔)를 버리니 네 짐을 떨어뜨리고서야 백을 청하여 나를 도우라 하리라[其車旣載, 乃棄爾輔. 載輸爾載, 將伯助予]"라 하였다.

亭臺隨處在　정대는 가는 곳마다 있어서,
吾輩許淸遊　우리들의 청유를 허락하였네.

보통정에서 임정[174]이 벽 위에 지은 시에 차운하다

普通亭, 次任巵齋壁上韻

此地何年過　이 땅을 어느 해에 찾아왔던가.
今來鬢欲華　지금은 귀밑머리 새려고 하네.
門前流水在　문 앞에는 흐르는 물이 있으며,
郭外靑山斜　성곽 밖엔 푸른 산이 비끼어있네.
春色餘芳草　봄 빛은 향기로운 풀에 남았고,
仙簫杳彩霞　신선 퉁소는 붉은 놀 속에 아득하네.
風流公子宅　풍류 있는 공자의 저택(邸宅)이었고,
蕭灑道人家　맑고 깨끗한 도인의 집이었노라.
磵籟風吹遠　시내 소리는 바람이 멀리 불어 보내고,
林涼雨後加　숲의 서늘함은 비온 뒤에 더하누나.
摹僧添畵景　모사(摹寫)하는 중은 그림 속 경치를 더하고,
分韻競詩誇　운자 나누어서 시 다투어 자랑했네.

---

174 임정(任珽, 1694～1750) : 조선 후기의 문신이자 서예가. 본관은 풍천(豊川), 호는 호재(巵齋), 자는 성방(聖方)이다. 숙종 대에 진사시에 합격하고 1723년 증광문과(增廣文科)에 급제하였다. 1740년에는 대사간에 올랐으며, 1748년 곡산도호부사(谷山都護府使), 1750년에는 대사성이 되었다. 저서로는 『호재집』이 있으며, 글씨는 해주축성비(海州築城碑), 개성의 계성사비(啓聖祠碑) 등이 남아있다.

饁婦晴隨犬　맑은 날 들밥 내는 아낙에 개가 따르고,

歸牛暮帶鴉　저녁에 돌아가는 소는 까마귀 대동하네.

壓籬瓠蔓絡　울타리 누르고 박 넝쿨이 얽혀 있고,

跨磵木橋叉　간수 걸친 나무다리 엇갈려 있네.

未買花村酒　화촌의 술을 사지 못하여

唯煎顧渚茶　오직 고저차(顧渚茶)[175]만을 다리고 있네.

十分塵事少　속세의 일들이 아주 적으니

吾欲泛仙槎　나는 선사를 띄우려고 하노라.

조계폭포에서 이백의 여산 10운시에 차운하다

曹溪瀑布, 次李靑蓮廬山十韻

夜宿淸遠亭　밤에는 청원정(淸遠亭)[176]에 묵었다가,

朝尋曹溪水　아침에는 조계의 물을 찾았네.

---

175 고저차(顧渚茶) : 중국 절강성의 고저산(顧渚山)에서 나는 보라색 찻잎을 말한다.

176 청원정(淸遠亭) : 서평군(西平君)의 별장 이름이다. 서평군은 생몰년 미상. 이름은 이요(李橈), 조선 후기의 왕족이다. 1715년 주원 부제조(廚院副提調)로 있으면서 감선(柑善)을 빙자하여 축재하였다는 비난을 받은 바 있으며, 1723년 동지사 겸 진하사은사, 1725년 동지사, 1728년 진주사, 1730년 동지 겸 사은사, 1744년 동지 겸 사은사 등으로 여러 차례 청나라에 왕래하면서 외교에 공로가 커서 왕의 신임을 받았다. 1747년 이후로는 종신들을 이끌고 여러 가지 사안을 상서하였다. 1754년 축재 혐의로 간관(諫官)들로부터 비난을 받고 삭직되었다. 청원정에 대해서는 강세황의 「七月之吉, 與許汝正佖・兪會而漢遇・崔吉甫仁祐, 共會于普通之淸遠亭, 亭乃西平公子別業也. 期做擧業十餘篇後. 遍尋曹溪・道峯・水落諸勝矣. 來纔三日, 菫圓一首賦. 余聞子病, 先歸. 將轉向安山, 去住悵惘惘, 非尋常合散之比, 世事之不可預料, 有如是. 夫臨歸書會而卷」이라는 시가 남아 있다. 청원정에 대한 허필과 강세황의 시는 정황상 1749년에 지어진 작품으로 보인다.

曹溪距非遠　조계폭포 거리가 멀지 않으니,
松間路十里　소나무 사잇길로 십 리 길이네.
轟轟此何聲　우르릉 쾅쾅 이것은 뭔 소리인가
飛沫滅復起　나는 거품 없어졌다 다시 이누나.
亂雹晴雷動　날리는 우박에다 천둥소리 움직이니
白日青山裏　대낮의 푸른 산 속에 있었네.
禹鑿一何雄　우착[177]은 어찌 그리 웅장했던가
秦鞭失其功　진편[178]은 그 공을 잃어버렸네.
誰將一匹練　누가 한 필의 명주를 가지고서는,
掛在蒼蒼空　푸른 창공에다가 걸어 두었나.
盡日看無厭　진종일 바라봐도 물리지 않아,
脫巾臥石壁　두건 벗고 석벽에 누워 있노라.
始知烟豹癖　비로소 연객과 표암의 벽을 알았으니,
膏肓是泉石　고황은 곧 바로 천석이구나.
放筆仍畵山　종이에 붓을 대서 산을 그리고,
又有吟詩閒　다시금 한가로이 시를 읊었네.
配以廬山什　이백의 여산폭포시(廬山瀑布詩)와 짝하여,
幷留天地間　천지 사이에 함께 남아 있으리.

177 우착(禹鑿) : 우부(禹斧)라고도 쓴다. 우(禹) 임금이 천하의 하천을 개척할 때 용문산(龍門山)을 도끼로 끊었다 하여 생긴 고사다. 『淮南子』「修務訓」 참조.
178 진편(秦鞭) : 진시황(秦始皇)이 돌다리를 놓아서 바다에 나가 해가 뜨는 것을 보려 했다. 그때 신인(神人)이 나와서 돌을 몰아 바다를 메우는데, 돌이 빨리 구르지 않으면 신인이 채찍질을 하여 돌을 때리니 돌에서 피가 흘렀다고 한다.

청원정에서 다시 앞에 있는 운자에 맞춰 짓는다 淸遠亭, 更步前韻

唱酬須取近　수창함엔 모름지기 가까운데서 취해야 하리,
歌者坐琴頭　노래하는 이가 거문고 머리에 앉아있네.
露濕寒蟬樹　이슬은 찬 매미 우는 나무에 축축하고,
燈明雨夜樓　등불은 비 내리는 밤 누대에 밝도다.
偶成三日樂　우연히 삼 일 간의 즐거움을 이뤘으니,
忘却百年愁　백 년 간의 수심을 잊게 되었네.
亭榭尋應遍　정자를 응당 두루 찾아다니고,
歸時又此遊　돌아갈 때 또 이곳에서 노니르리라.

유중림[179]의 긴 시구에 수답하다 酬柳同樞重臨大而長句

椒村老翁年六十　초촌노옹(椒村老翁)은 나이가 예순 살로
氣岸崢嶸千仞壁　기개가 높다래서 천 길의 절벽 같았네.
少日家庭學素問　젊은 날 가정에서 소문(素問)[180]을 배워서는,
普濟萬命如拯溺　많은 생명 널리 구제함이 물 빠진 이 건지듯 하였네.

---

179 유중림(柳重臨, 1705~1771) : 조선 후기의 농학자 · 의관. 본관은 문화(文化). 자는 대이(大而), 호는 문성(文城). 1766년에 『增補山林經濟』(16권 12책)를 편찬하였다. 이 책은 홍만선(洪萬選)의 『산림경제』를 수정 · 증보한 농서로서 고구마 · 벼 · 옥수수 재배법에 대해 기록하여 농업기술 보급에 힘썼다. 그 후 태의원(太醫院)의 내의(內醫)가 되어 의관으로서 의료 업무에 종사하였다. 안산 15학사(學士) 중 한 사람이었다.

180 소문(素問) : 중국 당나라 때 왕빙(王氷)이 쓴 동양에서 가장 오래된 의서(醫書). 황제와 명의 기백(岐伯)의 문답 형식으로 음양오행, 침구(鍼灸), 맥(脈) 따위에 관하여 쓴 책이다.

一視炎凉要輒去　염량세태 한 번 보자 곧바로 떠나서는
朱門蓽戶遍踪跡　주문(朱門)과 필호(蓽戶)[181]를 두루 찾으려 했네.
生來愛酒兼愛詩　출생하자 술과 시를 함께 좋아했으니,
最是君家難醫癖　그대 집의 가장 고치기 어려운 성벽이리라.
末路相逢素心人　말년에 평소 마음 맞는 이와 서로 만나
隣曲來往談在昔　이웃에서 왕래하며 옛날 일 담소했네.
見我諢語老狂妄　나의 장난 말이 늘 망령됨을 보고서도,
曠懷落落無苛責　넓은 회포 높직하여 모진 가책(苛責) 없었네.
雅謔風生一座驚　아학(雅謔)의 바람이니 온 자리가 놀라기를,
快若熱疾飮凉膈　상쾌함이 더위 병에 양격[182]을 마신 것 같았노라.
白首書生世共棄　흰 머리인 서생을 세상 함께 버렸으니,
非君憐我人誰惜　그대 날 어여삐 여김이 아니라면 어느 누가 아껴줄까
平生長物自天眞　평생의 장물은 스스로 천진함이니,
有鐶別扇無齒屐　귀고리와 별선[183]은 있어도 나막신은 없었네.
看君鬓上有金圈　그대 귀밑머리의 금관자를 보았는데,
何事室中無甔石　무슨 일로 방 안에는 곡식 한 점 없는가.[184]
悲來每吟江娼曲　슬퍼서 강창곡[185]을 읊을 때마다,

---

181 필호(蓽戶) : 대나무와 싸리나무로 엮어 만든 문. 주로 오래되어 낡고 허름한 집을 이른다.

182 양격(凉膈) : 양격산(凉膈散)을 가리키는 것으로 보인다. 한약의 한 가지. 열(熱)이 쌓여 번조(煩燥)하고, 입 안과 혀가 헐며, 눈에 핏발이 서고 머리가 어지러우며, 장위(腸胃)가 말라 대소변이 잘 나오지 않는 것을 치료한다.

183 별선(別扇) : 보통 것보다 특별히 잘 만든 부채.

184 담석(甔石) : 항아리에 담은 한 섬의 곡식.

185 강창곡(江娼曲) : 당(唐)나라 두목(杜牧)이 지은 시제(詩題)임. 그의 「泊秦淮」에 "煙籠寒水月籠沙, 夜泊秦淮近酒家. 商女不知亡國恨, 隔江猶唱後庭花"라 했다.

江風颯颯江天碧　강 바람 불어대고 강 하늘은 푸르렀네.
從今至死且可樂　이제부터 죽기까지 즐길 수가 있으니,
自是人生貴意適　본래부터 인생이란 적의함이 귀한거네.
何幸逢君迭唱酬　얼마나 다행인가. 그대 만나 번갈아 수창 하며,
衰鈍自此加鞭策　둔한 이가 이로부터 호된 채찍 맞게 된 것이.

박동현의 집에서 여러 사람과 함께 짓다 企臺朴彦晦家, 與諸人, 同賦

白髮丹楓樹　백발이 단풍 나무와 있으니
座中多老成　자리엔 노성한 이 많이 있도다.
風霜人易感　바람과 서리에 사람 쉽게 느끼니,
天地物皆聲　천지 간의 만물에는 모두 소리가 있네.
琴闋空山答　금곡(琴曲)이 끝나니 빈 산이 화답 하고,
詩闌古木淸　시가 완성되자 옛 나무도 맑았네.
黃花應笑我　국화꽃 응당 나를 비웃을거니
無酒愧淵明　술 없어서 도연명에게 부끄럽구나.

가을 밤 죽헌에서 강세황과 함께 짓다 竹軒秋夜, 與光之, 同賦

已覺靑春遠　이미 청춘 멀어진 것 깨달아서는
相憐白髮新　흰 머리 새로운 것 서로 연민하네.

幾年同一席　몇 년이나 한 자리를 같이 했더냐,
今夜又三人　오늘 밤에 세 사람이 함께 했도다.
崖晩楓秋盡　저물녘 벼랑에 단풍 가을 다 지고,
階寒菊雨頻　차가운 섬돌에 핀 국화에 비 자주 오네.
笻鞋隨意出　지팡이에 신 신고 생각대로 나가니
天亦放吾身　하늘도 내 몸을 방임(放任)하여 주었네.

임씨 어르신[186] 집의 밤모임에서 사람들과 더불어 각자 짓다

任令家夜集, 與諸人, 各賦

吾生生晩世登巢　나의 인생 늦게 나서 세대(世代)의 둥지에 올랐으니,
垂老無成任笑嘲　늘그막에 성취 없어 비웃음에 내맡겼네.
意氣百年誰道合　의기는 백 년 동안 뉘와 도를 합하랴
文章千古有神交　문장은 옛 사람과 신교가 있네.
黃花到眼盃難泛　국화꽃 눈에 뵈나 술에 띄우기 어렵고,
白髮驚心鏡欲抛　흰 머리에 놀란 마음 거울 던지고 싶네.
獨主詩盟惟有爾　홀로 시맹(詩盟) 주관함은 그대만이 있으니,
衙官瘦島復寒郊　아관(衙官)에 야윈 가도, 다시 찬 맹교로다.

186 임씨 어르신 : 임위(任瑋)를 가리키는 것으로 보인다.

남태제[187]의 서호에 있는 첨학정에서 여러 사람들과 함께 모였다. 이날 밤에 가을 비가 새로 개자, 강가 달이 막 떠올랐다. 당나라 사람인 구양첨[188]의 「완월시」 운자를 뽑고 각자 한 편씩을 짓다

南泰齊元鎭西湖瞻鶴亭, 與諸人共會. 時夜秋潦新晴, 江月初升. 拈唐人歐陽詹玩月詩韻, 各賦一篇

八月十五夕　8월 15일 저녁에
有月多淸光　달 있는데 맑은 빛 많이 있구나.
微升暮雲端　슬그머니 저녁 구름 끝에 뜨더니,
忽復入我堂　갑작스레 다시 나의 당에 드누나.
劉唫如鎔金　유우석[189]은 용금(鎔金)[190]과 같다 읊었고,
陶稱明輝揚　도연명은 밝은 빛 드날린다[191] 일컬었네.
非冬亦非夏　겨울도 아니고, 또한 여름도 아니니,
佳節居中央　좋은 계절은 중앙에 위치해 있네.
雖云山檻淸　비록 산정(山亭) 난간이 맑다 이르나,

---

187 남태제(南泰齊, 1699~1776) : 조선 후기의 문신. 본관은 의령(宜寧). 자는 원진(元鎭)·관보(觀甫), 호는 담정(澹亭)·학야(鶴野). 시호는 청헌(淸獻). 1727년에 문과(文科)에 급제하였다. 문장에 뛰어나고 시서(詩書)와 제자백가에 통달하였다. 문집에 『담정유고』가 있다.

188 구양첨(歐陽詹) : 당(唐)나라 천주(泉州)의 진강(晉江) 사람. 자는 행주(行周). 덕종(德宗) 정원(貞元) 8년(792)에 진사(進士)가 되고 한유(韓愈), 이관(李觀) 등과 나란히 급제하여, 당시에 용호방(龍虎榜)이라 일컬어졌다. 관직은 국자감(國子監)의 사문조교(四門助教)에 그쳤으며, 40세에 죽었다. 문장을 잘 지었으며 문집이 있다.

189 유우석(劉禹錫, 772~842) : 당(唐)나라 때 시인. 자는 몽득(夢得). 왕숙문(王叔文)의 당(黨)에 가담하여 혁신정치를 하려 했다가 20년 동안 유배 생활을 겪었다. 주로 5·7언 근체시와 악부시 창작에 뛰어났는데, 신악부(新樂府)는 특히 큰 성공을 거둔 것으로 평가된다. 저서에 『劉夢得文集』이 전한다.

190 용금(鎔金) : 당(唐)나라 유우석(劉禹錫)의 「洞庭秋月行」에 "洞庭秋月生湖心, 曾波萬頃如鎔金"이라 했다.

191 밝은 빛 드날린다[明輝揚] : 도연명의 「四時吟」이라는 시에 "가을달은 밝은 빛을 낸다[秋月揚明輝]"라고 한 구절을 가리킨 것이다.

不及水閣凉　수각의 서늘함엔 못 미치누나.

吳質愁不眠　오질[192]은 수심 겨워 잠을 못 잤고,

姮娥怨無裳　달은 예상우의곡[193] 없음을 원망했네.

玩月如觀濤　달을 완상함은 큰 물결 보는 것[194] 같으니

舊俗今相將　옛 풍속 이제서야 서로 행하게 됐네.

美人在何許　미인은 어디쯤에 있을 것인가

渺渺天一方　아득한 하늘 한쪽 있을 것이네.[195]

서빙호 첨학정의 여덟 가지를 읊다 西氷湖瞻鶴亭八詠

[1]

金碧樓臺出　금벽[196]빛 나는 누대 솟아있으니

宛是曺生筆　완연함이 조생(曺全)[197]의 붓과 같도다.

何年天使來　어느 핸가 사신이 찾아와서는

---

192 오질(吳質) : 계수나무를 벤다는 달 속의 신(神)인 오강(吳剛)의 일명.

193 예상(霓裳) : 예상우의곡(霓裳羽衣曲)을 가리킴. 신선들의 세계인 월궁(月宮)의 음악을 본떠 만들었다고 하는 곡조.

194 큰 물결 보는 것 : 팔월 보름날에 사람들이 광릉(廣陵) 곡강(曲江) 조수의 큰 물결을 구경하러 갔다. 『文選』 참조.

195 소동파의 「前赤壁賦」에 "渺渺兮予懷, 望美人兮天一方"이라 했다.

196 금벽(金碧) : 궁궐이나 사찰 등을 단청(丹靑)할 때 황금색과 푸른 빛의 고운 색채로 칠한 것을 말함.

197 조전(曺全) : 조전비(曺全碑)를 가리킨다. 조전(曺全)은 동한(東漢) 돈황(敦煌)의 효곡(效穀) 사람. 자는 경완(景完)이다. 그가 건령(建寧 : 後漢 靈帝 年號, 168～172) 연간에 효렴(孝廉)으로 천거되어 서역무부사마(西域武部司馬)에 제수되었다. 그가 합양령(郃陽令)으로 왔을 때 그 문하생(門下生)인 왕창(王敞) 등 여러 사람이 중평(中平) 2년(185)에 빗돌에 새겨 공적을 기술한 것이 조전비(曺全碑)이다.

江山稱第一　강산이 제일이라 일컬었었네.

右鷗汀臺榭　구정의 정사에서

[2]

高田如圭邸　높직한 밭들은 규저[198]와 같고,

低田如碁局　나지막한 밭들은 바둑판 같네.

有時白鷺下　이따금씩 백로가 내려와서는

點破秧針綠　바늘같이 푸른 모를 깨뜨리네.[199]

右鶴野溝塍　학야의 구승[200]

[3]

大道分南北　큰 길이 남북으로 나눠있으니

行人有來往　오고가는 행인들 거기 있었네.

京城半由旬　경성은 반 유순(由旬)[201]쯤 걸리는데,

山日一疋上　산 속 해가 한 자락쯤 떠올랐도다.

右霜坪行客　상평의 행객이다

---

198 규저(圭邸) : 미상. 먹 이름으로 보이나, 확언할 수 없다.

199 흰 백로가 푸른 못 싹에 앉아서 이르는 말이다.

200 학야(溝塍) : 도랑의 좋은 경치라는 말이다.

201 유순(由旬) : 옛날 인도에서 썼던 거리의 단위. 1 유순은 80리, 60리, 40리 등의 여러 가지 설이 있다 한다.

[4]

斜陽紫霞寺　날이 저물어가는 자하사에
青山白衲衣　푸른 산에 하얀 가사 입은 중이 있도다.
明日觀音齋　다음날이 관음(觀音)에게 재 올리는 날이라
雛僧乞米歸　어린 중이 쌀을 빌어 돌아가누나.

右霞寺歸僧　자하사의 돌아가는 중

[5]

賽罷西陵妃　고사가 끝난 서릉의 비는[202]
携筐女心捧　바구니 들고 여심을 받들었도다.
安得葉如掌　어찌 하면 손바닥 같은 잎새 얻으랴
但願繭如甕　다만 옹기만한 누에고치 원하네.

右公桑採葉　공상[203]에서 뽕잎을 따다

[6]

散米雇窮民　쌀을 풀어 빈민(貧民)을 고용하여서

---

202 누조(嫘祖) : 서릉씨(西陵氏)의 딸로 황제의 정비. 처음으로 백성에게 양잠을 가르쳤다 하여 후세에 선잠(先蠶)으로 제사지낸다. 일설에는, 원유(遠遊)를 즐기다가 여행 중에 죽었다 하여 길의 신[行神]으로 제사 지낸다.

203 공상(公桑) : 천자와 제후의 상전(桑田). 옛날 천자와 제후는 공상과 잠실(蠶室)을 가지고 있어서, 궁실의 부인들은 반드시 공상에서 뽕을 따다가 누에를 쳐서 옷감을 짜는 일을 의무적으로 하였음.

伐取方如板　베어서 취하니 널빤지 같이 반듯하네.
不知明年碎　이듬해면 부서질 줄 알지 못하고,
只欲四隅完　네 귀퉁이 완벽하게 하려고만 하네.

右淩室藏氷　능실[204]에 얼음을 수장하다

[7][205]

渚石如棋子　물가의 돌멩이는 바둑돌 같아
拾取鎭網綱　주워서는 그물을 누르는구나.
桃花三月暮　도화꽃 핀 삼월이 저물어갈 땐
江豚腹膨脝　복어는 배때기가 볼록하였네.

右棋州網集　기주에서 그물을 모으며

[8][206]

佳山如美女　아름다운 산은 미녀 같은데
春來花作冠　봄이 되자 꽃들은 관이 되었네.
猩血羅裙色　성성이 피와 비단 치마같은 빛깔인
躑躅何斕斑　철쭉은 어찌 그리 아롱대는가.

---

204 능실(淩室) : 얼음을 저장하는 곳.
205 이 시는 산(刪)이라 기록되어 있다.
206 이 시는 산(刪)이라 기록되어 있다.

右冠峀花層　관수에 꽃이 층층으로 핀 꽃

[9]

官船數十隻　관에 소속된 배들 수십 척은
渡水莫爭先　물 건널 때 먼저 가려 다투지 말라.
南門纔十里　남문에서 겨우 십리 길이니
可到人定前　인정 전에 이를 수 있을 것이네.

右銅津晩棹　동작 나루의 저물녘 배

[10]

遠村黃葉落　먼 마을에 누른 잎이 떨어진 때에
數點燔燈出　여러 점의 번등(燔燈)이 나오는구나.
萬家翠欲流　모든 집들 비취빛이 흐르려 하니
皆是此中爇　모두 다 이 안에서 등불 피워서네.

右瓦墅夕燈　와서[207]의 저녁 등불

---

207 와서(瓦墅) : 조선조 때는 궁궐에서 쓰는 기와와 벽돌을 도맡아 놓고 구워서 공급하던 곳. 지금의 이촌동에 있었다.

남기로[208] 만시 南校理綺老挽

[1]

文雅風流兩得全　문아와 풍류가 둘 다 온전하였으니,

吾家宅相大家賢　우리 가문 택상[209]은 큰 집안의 현인일세.

現身塵劫一彈指　진겁에 현신한 것은 잠깐 사이였는데

阿閃應歸兜率天　아섬은 도솔천에 돌아 갔으리.

[2]

扶風太守玉堂仙　부안(扶安)[210]의 태수이고 옥당(홍문관)의 신선으로,

春日萱闈敞晬筵　봄날에 모친[211]의 수연을 열었도다.

彩服居然泉下斂　갑자기 색동옷이 황천의 염습이 되었으니

修文應發蓼莪篇　죽어서[212] 응당 육아장(蓼莪章)[213]을 펴내리라.

---

208 남기로(南綺老, 1723～?) : 본관은 의령(宜寧). 자는 언호(彦皓), 호는 기포(杞圃)이다. 1756년 정시(庭試)에 급제하여서, 교리(校理)를 지냈다. 그와 관련된 시로는 이복원(李福源)의 「扶安使君南彦皓綺老, 求別語」가 남아있다.

209 택상(宅相) : 1. '생질'을 달리 이르는 말. 2. 장래에 높이 잘 될 외손. 둘 중에 하나로 보이나 상고할 수는 없다.

210 부풍(扶風) : 전라북도 부안군의 옛 이름.

211 훤위(萱闈) : 어머니를 가리킨다.

212 수문(修文) : 수문랑(修文郎)을 가리킨다. 저승에서 문장(文章)의 저술을 담당한다는 관원. 진(晉)의 소소(蘇韶)가 사후에 그의 종제(從弟) 소절(蘇節) 앞에 나타나 이르기를, '지금 저승에는 안회(顔回)와 복상(卜商)이 수문랑으로 재직하고 있다'고 한 일에서 비롯되었다.

213 육아장(蓼莪章) : 부역(賦役)으로 멀리 나가 있어 어버이를 봉양하지 못하고, 사후에 돌아와 그 슬픔을 읊은 시이다. 즉 자식이 부모의 은혜를 그리면서 읊은 시로 『詩經』의 편명이다. 진(晉)나라 때 왕부(王裒)가 육아장만 읽으면 눈물을 흘렸기 때문에 문인들이 육아장을 폐하고 배우지 않았다고 하는 데서 유래된 말이다.

[3]

毛檄潘輿大海邊　모의(毛義)의 격문과 반악(潘岳)의 가마[214]로 큰 바다 옆에 갔는데,

含香簪筆夢依然　향기 머금고 잠필[215]한 것 꿈처럼 선하네.

百年有限人生短　백 년으로 한정된 인생은 짧은 건데,

可惜人生卅八年　애석하도다! 인생이 38년임이여.

[4]

播詠人間繡佛詩　세상에서 널리 읊는 수불[216]이란 시이니,

玉溪遺韻玉山詞　옥계가 남긴 운에 옥산의 사 이로다.

鶴猿已刖蛟龍噤　학과 원숭이 이미 월형(刖刑)을 당하자 교룡은 입 닫았으니,

天地山川聚族悲　천지 간 산천에는 종족 모여 슬퍼하네.

[5]

龍門風雪撲丹旌　용문의 풍설(風雪)이 붉은 명정(銘旌)을 치고,

竹節多灘幽咽鳴　죽절(竹節)같은 많은 여울 그윽하게 오열하네.

一弟扶棺諸父哭　한 아우 관 붙들고 제부들[217] 곡을 하니

---

214 반여(潘輿) : 어버이에게 봉양함을 이르는 말. 진(晉)나라 반악(潘岳)이 어머니를 수레에 태우고 유람한 고사에서 비롯되었다. 반악의 「閑居賦」에 "太夫人乃御版輿, 升輕軒, 遠覽王畿, 近周家園. 體以行和, 藥以勞宣, 常膳載加, 舊疴有痊"이라 했다.

215 잠필(簪筆) : 붓을 지님을 이르는 말. 옛날 중국의 벼슬아치들이 필요할 때에 쉽게 뽑아 쓰기 위해서 붓을 관(冠)이나 홀(笏)에 꽂고 다녔다는 데서 유래한다.

216 수불(繡佛) : 채색 실로 수 놓아 만든 불상.

217 제부(諸父) : 아버지와 항렬이 같은 당내의 지친.

泉途有識若爲情　저승에서 안다면 정을 어이 할 것인가?

[6]

鰥燭冬宵淚自捫　겨울밤 홀아비 촛불 켜고 눈물 절로 닦노니
無兄無弟此身存　형이나 아우 없고 이 몸만 남아 있네.
可憐白首生烟客　가련하도다! 흰 머리로 살아있는 연객은
三哭君家祖子孫　세 번이나 그대 집의 할아버지, 아들, 손자를 곡하누나.

임준의 매화 시축에서 차운하다 次任稚明梅軸韻

天涯腸斷美人遙　천애에서 미인 멀리 있음에 애간장 끊어지나,
欲寄瑤華徒自饒　요화[218]에 부치려니 그저 절로 탐스럽네.
倩女瓊魂今已返　천녀[219]의 옥같은 넋 이제 이미 돌아왔으니,[220]
胡雛玉籧詎能驕　호추[221]와 옥거[222]가 어찌 그리 교만하랴?
青壇滿月孤芳覇　청단[223]의 보름달에 외로운 향기가 패권 잡고,
香國王春衆卉朝　향국[224]의 새 봄[225]에는 초목들 조알(朝謁) 하네.

218 요화(瑤華) : 여기서는 전설상 신선이 산다는 요화국(瑤華國)의 준말로서 저자(著者)의 죽은 친구가 가 있는 저승을 가리킨 것이다.
219 천녀(倩女) : 아름다운 소녀를 이른다.
220 천녀의~돌아왔으니 : 여기서는 꽃이 활짝 피었다는 의미로 보인다.
221 호추(胡雛) : 여기서는 호인(胡人)을 멸시하여 이르는 말. 특별히 후조(後趙)의 석륵(石勒)이나 당(唐)의 안록산(安祿山)을 이르는 말로 쓰기도 했다.
222 옥거(玉籧) : 미상.
223 청단(青壇) : 임금이 봄날에 교제(郊祭)를 지내는 제단.
224 향국(香國) : 꽃의 나라. 화국(花國).

竹友蘭朋蕭索甚　대나무와 난초도 모두 시들한데

異兄還向桂宮邀　이형(異兄)이 도리어 계궁[226] 향해 맞이하네.

또 차운하다 又次韻

月姊風媒聘綠堂　달님[227]과 풍매[228]를 녹당에 불렀으니,

罷官歸始悔前忙　관직 그만두고 돌아와 처음으로 앞선 바쁨 후회했네.

蓄妻君豈林和靖　첩을 둠에 그대 어찌 임화정(林和靖)[229]이리오.

愛句吾非王直方　시구를 사랑함에 나는 왕직방(王直方)[230]이 아니었네.

櫻杏羞同隣舍住　앵두꽃과 살구꽃 이웃함을 부끄럽게 여기고,

蘭蓀應是子孫香　난손[231]은 응당 자손의 향기이리라.

鶴丹犀健山茶在　동백꽃[232]은 무소처럼 튼튼하고 산다(山茶)는 있는데,

---

225 왕춘(王春) : 주력(周曆)에서의 봄을 이르는 말. 『公羊傳』 「隱公元年」에 "元年春, 王正月 …… 春者何? 歲之始也 ; 王者孰謂? 謂文王也"라 했다.

226 계궁(桂宮) : 달 속에 있다는 전설상의 궁전.

227 월자(月姊) : 전설상 달에서 산다고 하는 선녀. 항아.

228 풍매화(風媒花) : 바람에 의해서 수분(受粉)하는 꽃. 대개 빛깔이 화려하지 않고 꽃가루는 가벼운데 양이 풍부하며, 쉽게 바람에 날림. 꽃에는 꿀도 강한 향기도 없으며, 화피(花被)는 없으나 있어도 작은 모양으로 눈에 띄지 않음. 벼, 소나무, 뽕나무, 은행나무 등의 꽃.

229 임화정(林和靖) : 송(宋)나라의 은일(隱逸) 임포(林逋)를 가리킨다. 임포(林逋)의 자는 군복(君復), 항주(杭州) 전당(錢塘) 사람이다. 시작(詩作)과 행서(行書)에 능하였으며 항주(杭州)의 서호(西湖)에 집을 짓고 20년간이나 저자에 나오지 않았다. 독신생활로 마쳤으며 매화를 심고 학을 길러 매처학자(梅妻鶴子)라 했다. 죽어서 화정선생(和靖先生)이란 시호를 받았다. 그의 「山園小梅詩」에 "疏影橫斜水淸淺, 暗香浮動月黃昏"이라는 구절은 매화(梅花)를 잘 묘사한 시로 길이 회자되어 온다.

230 왕직방(王直方, ?~?) : 송(宋)나라 사람. 자는 입지(立之), 호는 귀수(歸叟). 강서시사(江西詩社)의 한 사람으로 『王直方詩話』를 남겼다.

231 난손(蘭蓀) : 난과 손은 다 같은 향초(香草)로서 훌륭한 자손에 비유한다.

232 학단(鶴丹) : 동백꽃이 붉게 피어난다는 데에서 붙여진 이름.

長捧春心件易牀　춘심 길이 받들고 주역 읽는 책상 짝하리라.

남학구의 매합에 쓰다 題南鴻山鶴耈伯叟梅閤

[1]

蠅翅蜂鬚鶴膝枝　파리 날개, 벌의 수염, 학 다리[233]의 가지는

豹菴神筆我能知　표암의 신필임을 내가 능히 알 수 있네.

千塗一轍詞家忌　천 개의 길에 한 바퀴자국은 사가(詞家)의 금기이니,

不作參橫月落詩　삼횡월락(參橫月落)[234]같은 시는 짓지 않으리.

[2]

紅龕血色冷金牋　핏빛같은 감실은 금전(金牋)이 차가웁고,

花下膽甁臥欲眠　꽃 아래 호리병은 누워서 자려 하네.

女手新葱噓暖氣　여수(女手)[235]같은 신총에 따스한 기운 부니,

萬英齊發立春前　온갖 꽃 봉우리가 입춘 전에 좍 폈도다.

---

233 학슬(鶴膝) : 매화나무 가지를 가리킨다.

234 삼횡월락(參橫月落) : 통상 날 샐 무렵이라는 뜻으로 쓰는 말이나, 실제로는 틀린 말이라 한다. 삼성(參星 : 심성이라 발음하기도 함)은 새벽 2시에서 4시경에 지는 별이기 때문이다.

235 여수(女手) : 여자의 손. 여기서는 봄에 새싹이 나는 파[葱]의 아름다움을 여자의 손에 비유한 것이다.

남학구의 청오헌에 쓰다[236] 題南伯叟聽梧軒

家內三聲不可無　집 안에 세 소리[237]가 없을 수 없는데,

三聲之外雨中梧　세 가지 소리 빼곤 빗 속의 오동일세.

閏年不與黃楊厄　윤년에도 황양의 액운에 참여하지 않으니,[238]

圭葉秋生坐者吾　홀과 같은 오동잎에 가을 소리 나는데, 앉은 자는 나 일세.[239]

연원[240]의 벽련정에서 밤에 앉아 우연히 읊은 것을 윤창유에게 드리다

連原碧蓮亭, 夜坐偶吟, 呈尹後而昌裕

淪落書生老　윤락(淪落)한 서생으로 늙어가는,

乾坤一寓公　천지 간에 하나의 떠돌이로다.

生涯雲影外　생애는 구름의 그림자 밖에 있고,

世事酒盃中　세상 일은 술 잔의 안에 있도다.

藝苑提三尺　문단(文壇)에선 삼 척의 검(劍)을 끌고서,

名場起一戎　과장(科場)에서 한바탕의 싸움을 일으켰네.

---

236 이 시는 산(刪)이라 기록되어 있다.

237 세 소리[三聲] : 아기 우는 소리, 글 읽는 소리와 베짜는 소리 등 세 가지 소리를 가리킨다. 옛날에는 집에서 이 세 가지 소리가 나야 홍성하는 가문으로 여겼다.

238 이 시구는 황양액윤(黃楊厄閏)이란 말을 인용한 것이니, 황양목이 윤달에는 자라지 않고 오히려 키가 줄어든다고 하는 속설에 의한 말이다. 여기서는 사람의 곤궁함에 비유한 말이다.

239 오동나무가 가을을 가장 먼저 안다고 한다. 음력으로 7월 7일 칠석날에 오동나무 한 잎이 떨어지면 천하가 모두 가을이 된다[七月七夕梧桐一葉落而天下皆秋]라 했다.

240 연원(連原) : 현 충주의 연원역으로 충청도 역도(驛道)의 하나이다.

丈夫嗟寂寂　장부가 아! 적적하게 됐으니,
歲月劇忽忽　세월은 몹시도 빠르게 가네.
可惜靑雲志　애석하도다. 청운을 품었던 뜻이
居然白髮翁　뜻밖에도 백발의 늙은이 됐네.
命何君賦薄　그대 운명 어찌 그리 박하게 주어졌나.
天生我不窮　하늘이 나 낳음에 궁하게는 않았네.
老去心猶壯　늙어가는 마음은 아직도 건장하여,
年來語益工　근년이래 말 더욱 공교해졌네.
江湖同作客　강호에서 서로 함께 나그네 되어,
天地任轉蓬　천지에서 떠돌기에 내맡기었네.
驛舍孤燈暗　역사에는 외딴 등불 음침하였고,
琴臺遠樹空　금대에는 먼 나무가 비어있었네.
中宵宜踏月　한밤에는 달빛 아래 거닐음이 마땅하여,
時夜更無風　때로는 밤에 더욱 바람 한 점 없음이랴.
佳節朋俱至　좋은 철에 친구가 함께 이르니,
淸談夜未終　청담이 밤새도록 끊이지 아니했네.
罄歡詩有助　기쁨을 다하기엔 시가 도움 되었고,
挑濕酒難功　젖는 것에 도전하니 술은 공이 있기 어렵네.
酬酢無賓主　수작함엔 주인과 손님이 없고,
追遊雜丱童　어울리어 놂에는 애들 섞이어 있네.
年年此地別　해마다 이 땅에서 이별을 하니
耿耿我心忡　초조하여 내 맘이 근심스럽네.
舊客稽山北　옛 객은 회계산(會稽山)의 북쪽에 있고,

情人劍閣東　정인은 검각산(劍閣山)의 동쪽에 있네.
月爲今夜滿　달은 오늘밤에 가득찼으니,
春自兩鄕同　봄이야 두 고향이 같을 것이네.
野火他山燒　들불은 다른 산을 태워버리고,
氷泉萬壑通　빙천은 많은 골짝에 통하는구나.
鷄聲茅簷緩　닭소리는 초가집 처마에 느리고,
艾氣土墻融　쑥 기운에 흙담이 따뜻해지네.
麗景三三節　아름다운 풍경은 삼월 삼짓날이고,
天機六六宮　천기는 삼십육궁 되어 버렸네.
原田春每每　들밭은 봄철에 무성하였고
江市雨濛濛　강가의 시장엔 비가 자욱하였네.
錦水門前去　금강물은 문 앞에 흘러서 가고
華岑屋後崇　화잠(華岑)은 집 뒤에서 높다랗도다.
充飢收橡栗　굶주림을 채우려 상수리 · 밤을 거두고
調病採芎藭　병든 몸 조섭하려 궁궁이 캤네.
林暝投歸鳥　숲 어둡자 돌아가는 새가 투숙을 하고,
沙寒見落鴻　모래 차자 내려앉는 기러기 보게 되네.
江色侵書几　강 빛은 서궤 위에 침범을 하고
花香濕帡幪　꽃 향기는 장막(帳幕)을 축축이 하네.
山雲歸獵騎　산의 구름 낀 곳 엽기(獵騎)가 돌아가고,
汀日晒魚罾　물가의 햇볕에는 어망 말리네.
村釀元來秫　막걸리는 원래 수수로 만들었고,
園蔬半是菘　전원의 채소는 절반이 배추이네.

山河千古事　산하에는 천고의 일인데,
日月六臣忠　해와 달은 사육신의 충성이네.
浦咽留餘碧　포구는 울어대나 남은 푸름 머물렀고
花殘落舊紅　꽃 시들어 옛 붉은 빛 떨어졌도다.
仙陵啼杜宇　선릉에선 소쩍새 울어만 대고,
古廟有青楓　옛 사당에는 푸른 단풍이 있네.
過客猶垂淚　과객은 아직도 눈물 흘리고
孤臣尙激衷　고신(孤臣)은 여전히 충심 격동시키네.[241]
忠魂埋厚夜　충혼은 긴 밤에 묻혀 있으나,
壯氣菀長虹　씩씩한 기운 긴 무지개처럼 완연하네.
敦朴留遺俗　돈박함은 남은 풍속 머물러 있고,
鴻濛未破蒙　혼돈함은 몽매(蒙昧)함을 깨지 못했네.[242]
一生甘隱逸　일생동안 은일을 달게 여겼으니,
何地老英雄　어느 땅에서 영웅으로 늙어가리오.
風月同携手　바람 · 달에 함께 손을 끌고서,
雲霞收滿筒　구름 · 노을 거두어 통에 채웠네.
長楸驥未展　가로수 있는 길[243]에 천리마는 펼치지 못했고,
滄海鶴難翀　너른 바다라 학은 높이 날기 어렵네.
善價藏珍櫝　보배를 간직하길 독에 하였고,[244]

241 문집에는 격(激)이 사(潄)로 되어있으나, 여기서는 격(激)으로 보아야 한다.
242 아직 천지개벽이 안됐다는 말이다.
243 가로수 있는 길[長楸驥未展] : 큰 가로수가 있는 길이라는 뜻이다. 옛날에는 가래나무[楸]를 가로수로 심었다 한다.
244 『논어』「子罕」에 자공(子貢)이 공자에게 묻기를 "여기에 아름다운 옥[美玉]이 있으니, 이

希音撫古桐　희음(希音)은 고동(古桐)을 어루만졌네.
有詩皆作友　시 있으면 모두 다 친구 되었고,
騎馬不須僮　말 타는데 하인은 필요치 않네.
世故口偏啞　세상 일에 입은 벙어리에 가깝게 되고,
人言耳欲聾　사람들 말에 귀는 귀머거리 되려고 하네.
耕漁從我老　밭갈고 고기 잡는 걸로 날 따라 늙었으니,
妻孥祝年豊　아내와 자식은 풍년 되길 기원하네.
共憶將何贈　함께 생각할 때 장차 무엇을 주랴
巖阿有桂叢　바위 언덕에 계수나무 떨기 있도다.

차가운 구들 冷堗

有屋同蝸殼　달팽이 껍질만한 가옥에서는
無薪絶燧皇　땔나무가 없어서 불씨 끊겼네.
長年墨氏堗　해가 다하도록 묵자(墨子)의 굴뚝[245]이요,
冬日白家牀　겨울날에 백가(白家)의 침상[246]이도다.

것을 궤속에 넣어 감추어 두어야 합니까? 좋은 값을 구하여 팔아야 합니까?[子貢曰, "有美玉於斯, 韞匵而藏諸? 求善賈而沽諸?"]" 하고 물으니, "팔아야지, 팔아야지. 그러나 나는 좋은 값을 기다리는 자이다[子曰, "沽之哉沽之哉, 我待賈者也"]"라고 하시었으니 세상을 위하여 공헌을 하기는 하는데 알아주는 사람을 기다리겠다는 뜻이다.

245 묵자(墨子)의 굴뚝 : 천하를 다니느라 집에 온 지 얼마 되지 않아 다시 떠나는 것을 이른다. 반고(班固)의 「答賓戲」에 "공자의 앉은 자리는 따뜻할 겨를이 없었고, 묵자의 굴뚝은 검어질 겨를이 없었다[孔席不暖, 墨突不黔]" 하였다. 여기서는 묵자가 천하를 다니느라 밥을 지어 먹지 못해서 굴뚝이 검어질 새가 없다는 것에 빗대어 자신이 가난해서 밥을 해 먹지 못하는 것을 비유한 말이다.

국화를 심다 種菊

可笑陶彭澤　우습도다 팽택현령(彭澤縣令) 도연명은
不知種菊宜　국화를 마땅하게 심을 줄 몰랐네.
何須籬下菊　어찌 꼭 울 밑의 국화만이 필요한가?
吾以菊爲籬　나는 국화로 울을 만들 것이리.

안면도 시골 집에서 잠을 못 이루어 읊는다 安眠島村舍, 失睡有吟

喜歡惶恐摠虛傳　'기쁘다, 두렵다'는 다 공연한 말이니,
從古爲名未必然　예로부터 이름을 붙였으나 꼭 그렇친 않네.
客思兼將蠅蝎惱　나그네 생각에다 파리 · 빈대 성가시어,
安眠島上不安眠　안면도 인데도 편한 잠을 못 자네.

서령[247]의 관사에서 김이만 어르신의 「하소(荷沼)」 시운에 차운하다

瑞寧官舍, 次鶴皐丈人荷沼韻, 金履萬仲綏

葦叢蘆葉極荒蕪　갈대숲, 갈대 잎이 너무나 거칠듯이

246 백가(白家)의 침상 : 백거이(白居易)의 「招東隣」에 "작은 술통 속엔 두 됫박의 술이요, 새로 깐 돗자리에 여섯 자의 평상(平床)이로다[小榼二升酒, 新簟六尺床]"라 했다.
247 서령(瑞寧) : 충남 서산의 옛 이름이다.

君子班中間懦夫　군자의 반열에는 겁쟁이들 섞이었네.
此是使君新到政　이것이 사군께서 새로 도임한 정사이니
雜花除盡好花敷　잡스런 꽃 다 없애고 좋은 꽃 번식시키리.

대산 청량암에 가서 장인의 시에 차운하다 之大山淸凉菴, 次丈人韻

[1]

人留山寺馬村家　사람이 산사의 마촌가(馬村家)에 머무르니,
絶壑西臨大海涯　절벽이 서쪽으로 큰 바닷가 임해 있네.
木佛無言塵榻在　목불은 말이 없이 먼지 낀 상에 있으니
慧心應悔鑄金奢　혜심(慧心)은 사치스레 금 녹인 걸 후회하리.

[2]

小菴淸淨似貧家　작은 암자 청정함이 가난한 집과 같아
一鉢一瓶生有涯　한 개의 바리때와 하나의 병에 생애 있네.
看取乃家平等法　그대 집(불교)의 평등한 법을 보건대,
不知何儉更何奢　어떤 게 검소인지 사치인지 모르겠네.

선각에 들러서 춘첩을 짓다 過仙閣, 春帖

竹芽競出村童馬　대 싹은 촌동의 말 감으로 다투어 나고,[248]

蒲葉新長太守鞭　부들잎은 태수의 채찍으로 새로 자라네.

官閣春深春日晩　관각엔 봄이 깊은 봄날이 저무는데,

門前寂寂使令眠　문 앞이 조용하고 사령은 잠을 자네.

부성[249] 관아의 건물에서 우연히 읊다 富城衙舍, 偶吟

客夢靑燈照　나그네 꿈꾸는데 푸른 등이 비추고,

羈愁白髮知　나그네의 근심을 흰 머리로 알겠네.

蟬鳴凉露潔　매미 울 때 찬 이슬이 깨끗하였고,

鸛立老柯危　황새가 서 있는 늙은 가지 위태롭네.

天地秋生畵　천지는 가을이 그림을 낳고,

江山古有詩　강산에는 옛부터 시가 있었네.

故園歸去晩　고향에 돌아감이 늦게 됐구나,

黃菊有前期　누른 국화 전부터 기약함이 있는데.

선각을 지나다 되는대로 읊다 過仙閣, 漫吟

生涯貧道似　생애는 승려와 닮아 있었고,

248 이 시구는 아이들이 기다란 대나무 막대를 가랑이 사이에 넣어 손으로 잡고 다니면서 말타는 시늉을 하는 놀이를 하는 재료가 다투듯이 자라고 있음을 형용한 것이다.

249 부성(富城) : 지금의 충남 서산의 옛 이름이다.

浪迹富城留　떠돌이 자취는 부성에 머물렀네.
四海無青眼　사해에는 반기는 친구 없는데,
百年易白頭　한 평생에 쉽게도 흰머리 되네.
地淸偏受月　땅 맑아서 유난하게 달빛을 받고,
樹老不勝秋　나무 늙어 가을을 견딜 수 없네.
夜雨蛩吟切　밤 비에 귀뚜라미 울음 간절해,
還添遠客愁　도리어 먼 나그네 수심 더하네.

매화꽃 핀 집에 쓰다[250] 題梅閣

天然忌縛束　천연스러움은 속박을 꺼려서,
箇箇出眞姿　하나하나 진실한 자태를 내네.
嫣笑如迎我　싱긋이 웃는 것은 나를 맞는 듯 하나,
低頭欲恨誰　머리를 숙인 것은 뉘를 한하렴인가.
淡粧並得月　엷은 화장은 아울러 달빛 얻었고
高格已難詩　높은 풍격, 너무나 시로 짓기 어렵네.
曉寢眠初起　새벽의 침소에서 처음으로 잠 깨자,
淸香一夢疑　맑은 향에 꿈인가 의심하였네.

250 매각(梅閣) : 매화가 활짝 핀 관아를 가리킨다.

척숙(戚叔)인 안석경[251]의 금강도 장구시에 차운하다

次安戚叔錫璥叔華金剛圖長句韻

畵者何苦觀者閑　그리는 자는 얼마나 고생 하는데 보는 자는 한가롭나.
天外方壺几案間　하늘 밖의 방호[252]를 책상에서 보게 되네.
意欲經營筆未下　생각으로 경영할 뿐 아직 아니 그렸는데,
胸中先有金剛山　가슴 속엔 제일 먼저 금강산 떠올랐네.
片時揮灑一幅中　순식간에 붓 놀려서 그려낸 한 폭에는,
快若宗慤乘長風　시원함이 종각(宗慤)이 장풍(長風)을 탄 것 같네.[253]
座客傳看皆拍案　좌중 손님 돌려보고 모두 다 책상 치며,
爭言氣勢何其雄　"기세가 어찌 그리 웅장한가." 다투어 말하였네.
顧家老癡多痴語　고개지(顧愷之)는 늙고 어리석어 못난 말이 많았으나,
妙畵通靈變化去　묘한 그림은 신령함이 통해 변화해 가네.
古洞應見開心子　옛 동네에는 응당 마음을 연 사람을 볼 것이니,
彩雲如駐永郎馭　붉은 놀 머문 것이 영랑(永郎)[254]이 말[馬] 모는 것과 같네.

---

251 안석경(安錫儆, 1718~1774) : 조선 후기의 문인. 본관은 순흥(順興). 자는 숙화(淑華) · 자화(子華), 호는 완양(完陽) · 삽교(霅橋). 아버지 중관(重觀)의 임소(任所)를 따라 홍천 · 제천 · 원주 등지에서 청년기를 보냈다. 당시의 현실과 이상 사이에서 갈등을 겪다가 과거에 3차례 낙방한 뒤 강원도 횡성 삽교에서 은거생활을 했다. 그의 저서에 『霅橋集』 · 『霅橋藝學錄』 · 『霅橋漫錄』 등이 있다.

252 방호(方壺) : 여기서는 전설 중 삼신산(三神山 : 蓬萊, 方丈, 瀛洲)의 하나인 방장산(方丈山)을 이른다.

253 장풍파랑(長風破浪) : 남북조시대 송(宋)나라 종각(宗慤)은 어렸을 때 그의 숙부가 포부를 묻자 "저는 긴 바람을 타고 만 리의 파도를 넘고자 합니다[我願乘長風破萬里浪]"라고 대답했다 한다. 후에 사람의 지향(志向)이 원대하고, 기백이 웅위하여 용기를 분발, 전진하는 비유로 쓴다.

254 영랑(永郎) : 신라시대의 네 국선(國仙) 중에 한 명이다. 사선(四仙)은 곧 영랑(永郎) · 술랑(述郎) · 안상(安詳) · 남석행(南石行)을 말한다.

滿堂雲霞五月凉　당에 가득한 운하에는 5월이 서늘하고
天花桂子懸秋香　천화와 계자가 달린 가을 향기롭네.[255]
宇宙茫茫知音寡　우주는 망망해도 지음(知音)은 드무니
山自峩峩水洋洋　산은 절로 높다랗고 물결이 출렁대네.
看君秀骨皭不滓　그대 보니 빼어난 골격은 깨끗해서 먼지 없으나,
俗子紛紛盡螻蟻　속인들은 어지럽게 모두다 개미떼 같네.
淸風朗月倘見思　맑은 바람, 밝은 달에 혹시라도 생각 난다면
蓬萊仙子安期是　봉래산의 선인인 안기생[256] 일 것이네.

사주에서 돌아오는 길에 유곡의 청암정에 오르다

槎州歸路, 登西谷靑巖亭

白雪溪邊路　새하얀 눈이 내린 시냇가 길의
靑巖有小亭　청암이라는 작은 정자가 있네.
文章不死藥　문장은 죽지 않는 약 있었으니
家世少微星　집안에는 대대로 소미성이 비쳤네.
山色須臾坐　산 빛에 잠시 동안 앉았노라니,
泉聲十里聽　샘물 소리 십 리까지 들리었노라.

---

255 가을꽃을 매달고 있네[懸秋香] : 보통 시에서 향(香)은 꽃의 변칭으로 사용되기도 한다. 당(唐)나라 이하(李賀)의 시 「金銅仙人辭漢歌」에 "화려한 난간엔 계수나무가 가을 꽃을 매달고 있고, 삼십육 궁에는 이끼만 푸르게 깔려 있네[畫欄桂樹懸秋香, 三十六宮土花碧]"라 했다.
256 안기생(安期生) : 고대 전설상의 신선. 진(秦)나라 사람으로 당시에 천세공(千歲公)이라 불렸다. 『史記』 「封禪書」에 보인다.

古人今不見　옛 사람을 이제는 볼 수 없으니
怊悵獨憑欞　서글프게 홀로 난간 기대 있노라.

단구에 눈이 내린 달밤에 이요루에 올라서 丹丘雪月, 登二樂樓

山水丹丘縣　산수가 아름다운 단구현은
風光似昔時　풍광이 그 옛날과 흡사하였네.
樓臺寒漠漠　누대는 쓸쓸하게 막막하였고,
星斗爛垂垂　별들은 찬란하게 드리워있네.
小市貧猶酒　작은 저자는 가난해도 술이 있었고,
騷人病亦詩　문인(文人)들은 병들어도 또한 시 짓네.
登臨此夜意　올라와서 굽어보는 이 밤의 뜻을
惟有月明知　오직 밝은 달만이 알고 있으리.

세검정에서의 봄놀이 洗劒春遊

王城十里闉　왕성이 십 리에 굽어있는데,
一雨洗埃塵　한차례 빗줄기에 티끌 씻겼네.
正值三三節　때마침 삼짓날의 절기 만나서,
相將五五人　서로 스무 다섯 사람 데려 왔도다.
江山多白日　강산은 대낮에 많이 있는데,[257]

鞍馬動青春　말에는 푸른 봄이 움직이누나.
窈窕依巖際　얌전하게 바위 틈에 의지하였고,
逶迤到水濱　구불구불 물가에 이르렀도다.
山光蘸水墨　산 빛은 수묵 속에 담겨 있었고,[258]
花霧膩衣巾　꽃 안개는 옷과 두건 반질거리네.
有酒皆豪士　술 있으니 모두다 호방한 선비이나
無詩亦俗倫　시 없으면 또한 속된 무리이리라.
近來眞勝事　근래에 훌륭한 일 많이 있으니
平日摠情親　평소에 모두 다 정다운 사이이네.
每歲長如此　해마다 길이 이와 같이 하노니,
玆遊莫厭貧　이 놀이가 가난하다 싫어하지 말게나.

강숙의 자연당 시운에 차운하다 次姜進士橚自然堂韻

老屋新茅盖逐年　오래된 집을 새 띠풀로 해마다 덮으니,
三間寄在浦雲邊　세 칸 집이 포구 구름 곁에 맡겨 있네.
春生簇簇青魚舶　봄이 되자 빽빽한 건 청어 잡는 배이고,
籬缺時時白鳥天　울 틈으론 이따금 백조 나는 하늘이네.
楓嶽曾同木上座　단풍 든 산에서 일찍이 지팡이[259]를 함께 했고,

257 대낮에 풍경이 잘 보인다는 말이다.
258 산 빛이 물에 비추는 것이 수묵화 같다는 말이다.
259 목상좌(木上座) : 지팡이를 가리킨다. 당나라 말엽 불일 선사(佛日禪師)가 협산(夾山)을 만

芸箱今作脈望仙　운상(芸箱)이 이제는 맥망[260] 같은 신선 되었네.
悠悠富貴他人事　멀고 먼 부귀는 남들의 일이라서
坐自然堂意自然　자연당에 앉았으니 마음 자연스럽네.

이상현 만시 赤岸李相顯挽

[1]

如非郊島卽黃陳　맹교[261]나 가도가 아니라면 황정견이나 진사도[262]리니
詩思蕉心出出新　시사(詩思)가 파초싹처럼 나오는 것마다 새로웠었네.
靑邱風雅他時選　『청구풍아』[263]를 다른 때에 선정(選定)한다면,
別是名家第一人　별도로 명가의 제일인 될 것이네.

났을 때 협산이 불일 선사에게 "누구와 동행하셨습니까?"라고 묻자, 불일 선사가 지팡이를 들어 보이면서, "이 목상좌와 동행했을 뿐이오"라고 했다. 소식(蘇軾)의 「送竹几與謝秀才」에 "내게는 동행하는 목상좌를 남겨 두고서, 그대에겐 말이 없는 죽부인을 주는도다[留我同行木上坐, 贈君無語竹夫人]"라고 했다.

260 맥망(脈望) : 신충(神蟲)의 이름. 좀이 변하여 되었다는 전설상의 생물. 『太平廣記』에 나온다.

261 맹교(孟郊, 751～814) : 당대(唐代) 시인. 자는 동야(東野). 그의 시는 뜻이 첨예하고도 투철하여 한유(韓愈)의 추앙을 받았는바 동시대의 문인묵객들로부터 '맹교의 시, 한유의 문장'이라는 호평을 얻었다. 또 가도(賈島)의 시와 더불어 '빈한한 맹교, 여윈 가도'로 불리웠다. 저서에는 『孟東野詩集』 10권이 있다.

262 진사도(陳師道, 1053～1101) : 북송(北宋) 시인. 자는 이상(履常)·무기(無己). 호는 후산(後山). 두보(杜甫)의 철저한 계승자이기를 자처했던 그가 시어(詩語)의 조탁(雕琢)에 온 힘을 기울이자, 친구였던 황정견(黃庭堅)은 '문을 굳게 잠그고 시구를 찾는 데만 고심한다'고 말하곤 했다. 황정견과 더불어 강서시파(江西詩派)의 비조(鼻祖 : 始祖)로 평가된다. 저서에는 『後山集』 20권이 있다.

263 청구풍아(靑邱風雅) : 김종직(金宗直)의 시선집(詩選集) 이름이다.

[2]

駱峀終南各一隈　낙수[264]와 남산은 각각 한 굽이에 있는데
柴門寥落爲誰開　사립문 쓸쓸하니 누굴 위해 열었는가.
黃昏騎馬月初上　해질녘 말을 타고 달이 처음 떠오를 때,
許進士家赤岸來　허진사 집에 적안 이상현이 찾아왔었네.

[3]

今年秋較去年遲　올가을은 작년보다 더디었기에,
病裏黃花不入詩　병 중이라, 국화꽃도 시에 들지 못했네.
花未開時公已去　꽃이 피지 않았을 때 공은 이미 떠났으니,
去時花亦爲公悲　떠날 때에 꽃도 공을 위해 슬퍼했을 것이네.

[4]

公我相親二十年　공과 나는 친한지가 20년이 되었는데
黌堂詩酒幾周旋　학당에서 시주(詩酒)를 몇 번이나 주선했나.
一札便成千古訣　한 통의 서찰이 천고 영결 이뤘으니,
一回披去一潸然　한 차례 펼쳐보면 한번 눈물 흐르누나.

---

264 낙수(駱峀) : 동대문 북쪽에 있는 지금의 낙산이다. 한시(漢詩)의 평측(平仄) 관계로 산(山)을 수(峀)로 쓴 것이다.

양주의 사인암 벽에 쓰다 梁州舍人巖題壁

樹老如靑蓋　나무는 늙어서 푸른 일산과 같고,
苔斑似畵屛　이끼는 아롱져서 그림 병풍과 같네.
有情山不去　정이 있어 산은 떠나가지 않는데,
何事水無停　무슨 일로 물줄기는 멈추지 않나?

청담의 와운루에서 淸潭臥雲樓

洞裏叉頭水　골짜기엔 엇갈려서 겹쳐진 물이 있고,
林間曲尺亭　숲 사이에는 곡척과 같은 정자네.
行人墻外髻　행인은 담 밖으로 상투 보이고
華嶽一峯靑　삼각산은 하나의 봉우리가 푸르네.

낙창군[265] 당의 연행길에 받들어 전송하다 奉贐洛昌君樘燕行

煌煌金節出都門　번쩍대는 금 부절은 도성(都城) 문을 나서는데,

---

265 낙창군(洛昌君, ?~1761) : 조선 영조 때의 종신(宗臣). 본관은 전주(全州). 이름은 당(樘). 1724년 경종이 죽었을 때, 수릉관(守陵官)의 직책을 맡았으며, 그 공으로 1726년에 가자(加資)되었다. 이듬해 동지 겸 사은정사로 청(淸)나라에 다녀왔고, 1731년 다시 청나라에 가서 칙서(勅書)를 보내어 조제(弔祭)해준 것과 방물(方物)을 준 것을 사은하였으며, 연공(年貢)을 바치고 왔다. 1760년에도 심양문안사(瀋陽問安使)로 청나라에 다녀왔다.

華館風沙日欲昏　모화관(慕華館)[266]의 풍사(風沙)에 해가 지려 하네.
東國幾回冬至使　동국에서 몇 번이나 동지사가 갔었던가.
胡兒皆識洛昌君　오랑캐 아이 모두 낙창군을 알아보네.
秋河博望槎邊月　가을 강에 박망후[267]가 뗏목 탈 때 뜬 가을 달과,
古柱遼陽鶴背雲　요양의 옛 기둥에[268] 학의 등에 뜬 구름 보게 되리.
白首書生猶膽氣　흰 머리의 서생이 아직도 담력 있어,
旄頭夜夜劍頻捫　모두[269]로써 밤마다 칼을 자주 어루만지리.[270]

임담 만시 任參奉聸挽

[1]

老逝和歸子又亡　늙어서 죽을 적에 함께 돌아갔는데 아들도 죽었으니,
此生無處不沾裳　이 인생 눈물로 치마를 적시지 않은 곳 없네.

---

266 모화관(慕華館) : 조선시대 중국 사신을 영접했던 곳이다.

267 박망후(博望侯) : 장건(張騫)을 가리킨다. 남조(南朝) 양종름(梁宗懍)의 『荊楚歲時記』에 다음과 같은 전설이 실려 있다. 한나라 장건(張騫)이 황하의 근원을 찾으라는 왕명을 받들고 서역 등으로 갔는데, 뗏목을 타고 한달 쯤 가다가 한 마을에 이르러서, 한 여인이 방안에서 베를 짜는 것을 보았고 한 남자가 소를 이끌고 강가에 와서 물을 먹이는 것을 보았다 한다.

268 한(漢)의 요동인(遼東人) 정령위(丁令威)라는 사람이 선술(仙術)을 익혀 학이 되어 요동의 성문에 왔다는 고사이다. 『搜神記』에 보면, "요동 성문의 화표주(華表柱)에 홀연히 한 백학(白鶴)이 앉아서 말하기를, '새여 새여 정령위여, 집 나간 지 천 년만에 처음 돌아 왔노라. 성곽은 옛날과 같으나, 사람은 그 사람이 아니니, 어찌하여 선학(仙學)을 안 배우고 무덤만 겹쳤는가?[有鳥有鳥丁令威, 去家千年今來歸. 城郭如故人民非, 何不學仙塚累累]'"라고 하였다.

269 모두(旄頭) : 옛날 제왕의 의장(儀仗)중의 일종으로서 선구(先驅)를 담당하는 기병(騎兵)을 이르는 말이었다.

270 여기서는 배청(排淸)정신을 표현한 것으로 보인다.

重泉政有團圓樂　황천에서 정히 단란한 즐거움 있다면
後死須臾莫較量　뒤에 죽는 나 또한 잠시리니 따질 것이 없노라.

[2]

文章厄運此時多　문장의 액운[271]들이 이 때에 많았는데
萬事傷心歲在蛇　온갖 일이 상심이니 해가 사년(巳年)에 있구나.
鞍馬親朋成服日　말을 탄 친구가 성복을 하던 날에,
歸時又哭剛中家　돌아올 때 또다시 강중가[272]에 곡하였네.

[4]

洗盡偏邦鬼窟空　작은 나라의 귀굴을 다 씻어 비게 하니,
詩燈一泒落吾東　시등의 일파가 우리나라에 내리었네.
遺篇天地應長在　천지에 남은 시편 응당 길이 있으리니,
夜夜惟看貫月虹　밤마다 달을 뚫는 무지개[273]만 보게 되리.

[5]

三昧書家到極工　삼매에 든 서가는 큰 공에 이르렀으니,
入門元自米南宮　입문을 원래 미불[274]로부터 했네.

---

271 문장의 액운 : 문장을 지을 줄 알기 때문에 화를 당하는 운명. 정치에 관한 주장이 다른 글을 지었다가 화를 당하는 일을 가리킨다.

272 강중(剛中) : 보이는 곳은 없으나, 허필은 그에 대해서 「閔別檢師弘剛中挽」이라는 시를 쓴 바 있다.

273 달을 뚫는 무지개[貫月虹] : 보이는 곳이 없으나 여기서는 잘 지은 시를 미칭(美稱)하는 말로 쓴 것 같다.

274 미불(米芾, 1051~1107) : 송(宋)나라 양양(襄陽) 사람. 자는 원장(元章), 호는 해악외사(海嶽外史) 또는 녹문거사(鹿門居士). 미전(米顚)이라고도 일컫는다. 금석(金石)・고기(古

秋燈泣展箱中字　가을 등에 상자 속 글자를 울면서 펴니,

風打西窓雨滴桐　바람이 서창 치고 빗방울이 오동잎에 질 때였네.

[6]

橘裏光陰四十奇　귤 속의 세월[275]은 사십년 남짓한데,

人間戲劇正堪疑　인간세상 희극은 정히 의심할 만하네.

悲來爲問爛柯子　슬퍼서 도끼자루 썩힌 것을 묻노니,[276]

仙月何山一局棋　선월 뜰 때 어느 산에서 바둑 한 판 두려나.

[7]

吾兄同甲我同年　내 형과 동갑이고 나와는 동년[277]이니,

同甲同年世世傳　동갑과 동년이 대대로 전하였네.

孤露餘生三副淚　외로운 남은 인생 삼부의 눈물인데,

此情回昔更漣漣　이 정으로 회고하니 다시 눈물 흐르누나.

器)를 애완하고, 특히 기석(奇石)을 좋아하였으므로 '원장이 돌에 절하였다[元章拜石]'라는 말까지 있음. 그는 시 · 서 · 화에 모두 뛰어났다. 소동파(蘇東坡) · 황정견(黃庭堅) 등과 친교가 있었다.

275 귤 속의 세월[橘中光陰] : 귤중락(橘中樂) 또는 귤중희(橘中戲)라는 말로 알려져 있다. 전설에 의하면 옛날 파공(巴邛) 사람의 귤이 자라는 동산에 서리가 내린 후에 귤 두개의 크기가 서 말들이 항아리와 같았다. 쪼개어 보니 두 사람의 노인이 마주보고 바둑을 두면서 담소하고 있었다. 그 중의 한 노인이 말하기를 "귤 안의 즐거움이 상산사호(商山四皓)에 덜하지 않구나"라고 하였다. 후에 이러한 전설(傳說)로 귤중락(橘中樂)은 바둑을 두는 즐거움을 뜻한다. 여기서는 '바둑을 두는 즐거운 세월'이라는 뜻으로 인용한 문구이다.

276 진(晉)나라 때 왕질(王質)이라는 나무꾼이 석실산(石室山)에 들어갔다가 두 명의 동자(童子)가 바둑 두는 것을 보고 돌아 왔더니 도끼 자루가 다 썩어 있었다고 한다. 『述異記』 참조.

277 동년(同年) : 여기서는 동방급제(同榜及第)한 해를 가리킨다.

[8]

雲鶴居然上碧霄　운학이 어느덧 푸른 하늘에 오르니,
茫茫塵土厭喧囂　아득한 진토의 시끄러움 싫어서네.
滄溟去後阿駒在　창명이 떠난 뒤에도 아구(阿駒)는 있으니
白雪詩壇不寂寥　백설시단이 적막하지 않을 것이네.

[9]

蕭蕭落木不堪情　쓸쓸한 낙목에 정을 못 견디겠는데,
古驛秋風斷雁聲　옛 역에 가을바람 불고 기러기 소리 끊어지네.
粉字丹旌今獨返　분(粉)으로 쓴 붉은 명정이 이제 홀로 돌아가니,
生居還復作佳城　사는 거처 되레 다시 가성(佳城)을 지으리라.

이정황[278]이 부여의 임지로 가는 것을 전송하며 送李廷煌元章之任扶餘

無塩有蟹一麾光　소금이 없는 게를[279] 단번에 먹고,
懶似驕兒進學堂　게으름이 교만한 아이가 학당에 나감과 같이 했네.
暇日遨牀時弄石　한가할 때 상에서 놀며 때때로 돌놀이 하면,

278 이정황(李廷煌, 1705～1762) : 자는 원장(元章), 호는 둔와(鈍窩). 함릉군(咸陵君)의 장남으로 공조 정랑(正郎)을 지내고, 통정대부 이조참의에 증직되었다. 배위는 양주조씨(楊州趙氏) 정빈(鼎彬)의 딸이다.

279 지오파주(持螯把酒)를 가리키는 것으로 보인다. 『世說新語』「任誕」에 "(진(晉)나라 필탁(畢卓))이 한 손에는 집게 발 안주, 한 손에는 술 한 잔을 들고, 이만하면 일생을 보낼 만하지 않겠는가[一手拿着蟹螯, 一手捧着酒杯, 便足以了一生]"라 하였다.

李元章是米元章　이원장이 곧 미원장(米元章)으로 되리.

삼척에 가는 도중에[280] 陟州途中

一年關外客　일 년동안 관(關) 밖의 객으로 있다
今日竹西遊　오늘에야 죽서루(竹西樓)에서 놀게 되었네.
嶺斷時時海　고개가 끊긴 곳엔 때때로 바다였고,
山寒樹樹秋　산이 쓸쓸한 때 나무마다 가을이로다.
烟霞收不暇　연하를 거두려해도 겨를이 없으니,
鞍馬惓非愁　말이 파리하다 한들 시름함은 아니네.
浮世年年事　뜬 세상엔 해마다 있는 일 이니
吾將問十洲　나는 장차 십주[281]에 물어보련다.

민강중 만시 閔別檢師弘剛中挽

[1]
吾榜中人得最賢　우리 동방급제(同榜及第) 중에 가장 현명했으니,
楓亭詩酒久周旋　풍정에서 시주(詩酒)를 오랫동안 주선했네.

---

280 이 시는 산(刪)이라 기록되어 있다.
281 십주(十洲) : 도교(道敎)에서 큰 바다 가운데 신선이 거주한다는 열 곳의 명산(名山)이다. 또 널리는 선경(仙境)을 가리키는 뜻으로 쓰인다.

白門歌管渾如夢　백문의 풍악소리 모두가 꿈 같은데,
往事悠悠十五年　유유한 지난 일이 십오 년 간이었네.

[2]

友於兄弟孝於親　형제에게 우애 있고 부모에게 효성스러워
閔氏家中顔氏貧　민씨의 집안[閔氏家中][282]에서 안연(顔淵)처럼 가난했네.
六品官啣年四十　육품의 직함이요 나이 사십이었는데,
生時自挽不須人　살았을 때 스스로 만시지어 남의 만시 필요 없었네.

[3]

裘馬何人得得如　갓옷 입고 말 탄 것을 어떤 이가 만족한 듯 여겼더냐
十年紅紙抱窮居　십 년이나 홍지(紅紙)[283]안고 곤궁하게 사노라.
世間不信科名好　세상에선 과명(科名)이 좋음을 믿지 못하니,
從此吾儕厭讀書　이로부터 우리들은 독서를 싫어했네.

[4]

荒原何處泣新墳　황량한 들 어디인지 새 무덤에 울으니,
江上秋天有斷雲　강 위의 가을 하늘에 조각 구름 있었네.
翰苑今生未了業　이 생애에 한원[284] 일을 못 마쳤으니,
秖應泉下去修文　응당 저승에 가서 수문랑(修文郎)이 되리라.

---

282 민씨의 집안[閔氏家中] : 여기서는 민강중(閔剛中)의 가문을 이른 것이다.
283 홍지(紅紙) : 과거에 급제한 사람에게 그 성적의 등급 및 성명을 기록하여 주던 붉은 종이.
284 한원(翰苑) : '한림원'과 '예문관'을 예스럽게 이르던 말.

[5]

龍門暮色逈添愁　용문의 저문 풍경 멀리 수심 더하는데,

落日丹旌古渡頭　해질녘 붉은 명정, 옛 나루에 있도다.

惆悵荊南無宋玉　슬프도다. 형주 남쪽에 송옥[285] 없게 됐으니

河山寥落自淸秋　산하의 쓸쓸함이 맑은 가을부터네.

사주의 오죽헌 벽에 쓰다 槎州梧竹軒題壁

梧竹公堂靜　오죽의 공당[286]은 고요한데,

琴罇到夜闌　거문고와 술통으로 한밤중에 이르렀네.

書生偏白髮　서생은 흰 머리가 유난히 많고,

太守亦靑山　태수 또한 청산에서 놀았네.

峽色雲霞暮　협곡의 빛깔은 운하(雲霞)가 저물어 가고,

溟波日月寒　파도는 해와 달이 차가웁도다.

村粧官妓在　화장을 곱게하는 관기 있으니

留取淡香看　담향(淡香)을 머물러서 취해 보노라.

---

285 송옥(宋玉, BC 290～222) : 주(周)나라 때 초(楚)나라 시인. 자는 자연(子淵). 예로부터 '굴송(屈宋)'으로 병칭되어 굴원의 제자로 알려졌다. 굴원이 혼란한 사회로 인해 괴로워하고 올바른 몸가짐을 위하여 노력했다면, 송옥은 개인적인 입장에서 자기 스승이 개발한 새로운 문체의 형식미를 추구하였다. 「九辯」과 「招魂」으로 유명하다.

286 공당(公堂) : 학교(學校)·법정(法庭) 또는 관서(官署)의 실당(室堂)을 이른다. 여기서는 사주(槎州)의 오죽헌(梧竹軒)을 가리킨다.

태안의 납성촌 泰安納星村

江村寂寂掩松扉　강가 마을 적적하게 솔문을 닫아놓고,
女伴褰裳下釣磯　여자들이 치마 걷고 낚시터로 내려가네.
浦日欲斜潮已退　갯가 해는 지려 하고 조수 이미 빠졌는데,
石花收得一筐歸　석화(石花)[287] 주워 광주리에 담아서 돌아가네.

서산 마장의 소암에서 김이만의 시에 차운하다 瑞山馬場小庵, 次鶴皐韻

山自無情不送還　산은 절로 무정하여 돌아감을 전송하지 않고,
只教淸磬落雲端　다만 맑은 경쇠 소리를 구름 끝에 지게 하네.
十年東洛塵埃沒　십 년동안 낙양에선 먼지에 빠졌다가,
今日南溟宇宙寬　오늘날 남명에선 우주가 넉넉하네.
古榻月明僧話寂　옛 평상에 달 밝은데 스님 말씀 조용하고,
客程風急馬嘶寒　여정에 바람 세니 말은 추워 우는구나.
平生勝賞眞難忘　평소에 좋은 경치 진실로 잊지 못해,
留得詩篇後日看　남겨진 시편을 뒷날에 보려하네.

287 석화(石花) : '굴'이라는 어패와 '지의'라는 식물을 가리키는 말인데 여기서는 굴이라는 뜻으로 쓴 것 같다.

북한산 산영루 北漢山映樓

萬木蒼蒼一洞幽　나무들 우거져서 온 골짜기 그윽한데
此山山水此中流　이 산의 산수가 이 안에 흐르누나.
斜陽欲下林陰轉　사양은 지려고 해 숲 그림자 바뀌는데,
樓不映山山映樓　누대가 산에 안 비치는 산영루이네.

태안의 바닷가 마을 泰安海村

盡日行行百里賒　온종일 가고 가는 백 리길 멀찍한데,
海門潮落夕陽多　해문엔 조수 빠지고 석양에 물드네.
生涯未種千頭橘　생애에 천 그루 귤 심지를 못했는데,
僮僕猶存八口家　어린 종은 오히려 여덟 식구 있도다.
不信山頭螺有殼　산마루에 소라껍질 있음을 믿지 못하면
安知海上石生花　어떻게 바닷가에 굴이 남을 알리오.
書生亦得公廚飯　서생 또한 공주[288]의 밥을 먹게 되니,
一邑爭傳客致衙　온 고을이 다투어 객을 관아에 불러 들인다 하네.

---

288 공주(公廚) : 취사를 관장하는 관청의 주방.

권태언 대부인 만시 權泰彦大夫人挽

[1]

言行眞成小學篇　언행은 진실로다 소학편을 이뤘으니,
一家婢僕亦欣然　한 집안의 종들도 또한 기뻐하였네.
泉臺翁伯應銘感　저승에서 옹백[289]이 응당 명감(銘感)할 것이니,
逋債追償死後錢　포음 낸 세금을 죽은 뒤의 돈으로 갚아 주리라.[290]

[2]

繡衣歸命徹重宸　어사가 명령 보고하러 궁궐에 통했으니,
南國桐花化更新　남국의 오동 꽃은 변화하여 더욱 새로우리라.
循吏編中兼女則　순리편 속에 여칙[291]을 겸했으니,
海民猶頌淑夫人　해민들은 오히려 숙부인을 칭송하네.

[3]

阿甥無托外家依　외손(外孫)을 맡길 데 없어 외가에 의지했으니,
寒亦吾寒飢亦饑　추우면 나도 추웠고, 굶으면 나도 굶었네.
六段官餘眞不贍　육품의 관리는 여유가 진실로 넉넉치 않은데도
爲渠縫作幾生衣　그들 위해 바느질로 옷 몇 벌을 만들었나.

---

289 옹백(翁伯) : 곽해(郭解)의 자. 전한(前漢) 무제(武帝) 때 협객으로 유명하였다. 『漢書』卷92「游俠傳」「郭解」 참조할 것. 여기서는 옹백(翁伯)을 빌어서 어떤 인사(人士)와 권태언(權泰彦) 대부인(大夫人)에 관한 일을 말하려고 하는 것 같으나, 상세한 것은 알 수 없다.
290 추상(追償) : 정해진 기일 내에 일부를 갚고 나머지를 뒷날에 갚음.
291 여칙(女則) : 부녀자가 지켜야 할 규칙을 적은 글.

[4]

貴介家中有孟光　존귀한 집안에 맹광(孟光)[292]이 있었으니
荊釵曾不學宮粧　싸리비녀 꽂고[293] 일찍이 궁궐 화장 안 배웠네.
嘗聞注谷諸宗語　시험삼아 주곡(注谷)의 일가들 말 들으니,
淑德無如我大孃　숙덕(淑德)이 우리 마님 같은 분 없다 했네.

[5]

淑人君子室家宜　숙인은 군자의 아내에 적합했으니,
四令兒生四令兒　훌륭한 아이 넷을 낳아 훌륭한 아이 넷이었네.
東隣無子西隣寡　동쪽 이웃 자식 없고 서쪽 이웃 과부이니
不作沾巾見例詞　눈시울 적실 일 만들지 않은 것이 선례(先例)의 말에 보였네.

[6]

海嶽曾同伯仲遊　해악에서 일찍이 형제처럼 함께 놀았는데,
無端一疾鶴林秋　까닭없이 병에 걸린 학림(鶴林)의 가을이었네.
修欄易幅回生事　난간을 수리하고 폭을 바꿔서 회생한 일은
歸路千山未是愁　천산 거쳐 돌아와도 시름겹지 않으리.

---

292 맹광(孟光) : 후한(後漢) 양홍(梁鴻)의 처. 양홍이 늘 품을 파는 일을 했지만 집에 돌아오면 그의 아내 맹광은 밥상을 눈썹 높이만큼이나 받들어 올렸다 한다. 『漢書』「梁鴻傳」에 상세히 보인다.

293 양홍의 아내 맹광이 첫날 밤에 남편의 뜻에 맞추기 위하여 화려한 성장(盛裝)을 버리고 가시나무 비녀를 꽂고 무명으로 만든 치마를 입었던 고사(故事)를 가리킨다.

염초교[焰橋]에 있는 강세황의 우거(寓居)에서 권국진[294]과 함께 짓다

焰橋光之僑居, 與權朝彥國珍狂客同賦

久臥光何醉　오래 누워 있으니 광지(光之)는 얼마나 취했나.
不吟國是顚　안 읊으면 국진(國珍)은 미쳤으리라.
犬來咀井綆　개가 와서 두레박 줄 씹어 먹고
鷄躍入菁田　닭은 뛰어올라 무 밭에 드네.
瓠大經三夜　박은 크니 삼 일 밤을 지낸 것이고,
麻高長一年　삼은 웃자랐으니 일 년 동안 자란 것이네.
新秋淸興在　새 가을이 맑은 흥취 있으니,
槐樹又聽蟬　홰나무에서 또 매미소리 듣노라.

신사년(1761) 봄에 왕세손이 입학할 때 성균관에서 읊다

辛巳春, 世孫入學, 在泮有吟

齒豁頭童祝聖朝　이 빠지고 머리 빠져 성조를 축하하니,
萬家烟火太平饒　모든 집의 밥 짓는 연화(煙火)는 태평함이 풍족했네.
儒林濟濟回三代　유림은 엄숙하게 삼대(三代)[295]가 돌아왔고,

294 그에 대해서는 신광수(申光洙)가 지은 「權國珍歌」가 남아 있다. 1748년 동짓날 작자의 친구인 권국진(權國珍)이 찾아와 남쪽지방으로 떠난다고 작별을 고하자 지어준 시이다. 숙종 이후 당쟁으로 몰락한 남인계 양반들의 불우하였던 처지를 반영하면서 그러한 현실에 대한 작자의 비판적 의식을 담은 한시라는 점에서 의의가 있다.

295 삼대(三代) : 중국의 옛날 나라였던 하(夏) · 은(殷) · 주(周)를 가리키는 말로서 태평세대

王道平平仰八條　왕도는 평탄하게 팔조[296]를 우러렀네.

古禮式遵虞敎胄　옛 예법은 이에 순임금 교화의 으뜸을 따랐고

盛儀爭覩漢圜橋　성대한 의식은 다투어 한(漢)나라 때 다리를 빙 두른 것을 보게 되었네.[297]

春臺化日無偏照　춘대의 화육하는 해는 한쪽만 비추는 일 없으니,

庶品齊蘇沴氣銷　서품[298]들이 일제히 소복(蘇復)되어 나쁜 기운 사라졌네.

낙창군 당 만시 洛昌君樘挽

[1]

尙記淸遊甲子年　아직도 갑자년의 청유가 기억되노니,

偶然承範若因緣　우연히 승범한 일 인연이 있는 것 같았네.

世間山有曇無竭　세상의 산에는 담무갈[299]이 있었고,

(太平世代)라는 뜻이니, 이 시를 지을 당시의 조선 왕조의 태평시대를 찬양한 말이다.

296 팔조(八條) : 중국 은(殷)나라 말기의 기자(箕子)가 주(周)나라 무왕(武王)에 의하여 고조선의 왕으로 봉해지자 부임해 와서 다스렸다는 범금팔조(犯禁八條)를 이른다. 그 8조 중에 3개조 만이 전하는데, 첫째 살인한 자는 사형에 처하고 둘째 남을 상한 자는 곡물로써 보상하며, 셋째 남의 물건을 도둑질을 하면 1인 당 50만전(錢)을 내놓아야 한다는 것 등이다.

297 『자치통감』 권44에 "여러 유생들이 경서를 가지고 앞에서 어려운 것을 질문하니 관대를 갖춘 사람들이 다리가 있는 문에서 빙 둘러서서 보거나 듣거나 하는 자들이 대개 많이 헤아리만 하였다[諸儒執經問難于前, 冠帶鶡紳之人圜橋門而觀聽者, 蓋億萬計]"라 나온다.

298 서품(庶品) : 여기서는 여러 가지 계급의 관리를 일컬음. 아주 높은 관직이 아닌 일반적인 관리를 지칭함.

299 담무갈(曇無竭) : 담마울가타(曇摩鬱伽陀)라 음역. 법성(法盛) · 법용(法勇) · 법상(法上) · 법기(法起)라 번역. 1. 보살 이름. 중향성(衆香城)의 주가 되어 항상 『般若波羅蜜多經』을 설하니, 상제(常啼)보살이 와서 반야(般若)를 들었다 한다. 2. 중국 유주(幽州) 황룡(黃龍) 사람. 속성은 이. 법용(法勇)이라 한다. 어려서 출가. 420년 승맹(僧猛) · 담랑(曇朗) 등 25인과 함께 인도에 가서 성지를 순례하고 광주(廣州)에 돌아왔다. 『觀世音授記經』 등을 번역.

象外人登兜率天　상외[300]의 사람은 도솔천[301]에 오르누나.
嘉貺寧忘藤九節　좋은 선물은 등나무 구절장(九節杖)[302]을 어찌 잊으랴.
厚恩曾許馬千錢　후한 은혜는 말에 천 전 준 것을 일찍이 허가했네.[303]
悲來大讀龍門傳　서글퍼서 용문전(龍門傳)을 큰 소리로 읽으니,
志士難禁涕泗漣　지사는 눈물 흐름을 걷잡을 수 없으리라.

[2]

阿甥竹馬我爲群　생질은 죽마로 나와 한패 되었는데
公子風流慣見聞　공자의 풍류를 익히 보고 들었노라.
一曲凄涼將進酒　한 곡조의 처량한 장진주곡[304]이
千秋寂寞信陵墳　천추의 적막한 신릉군[305] 무덤 됐네.
星槎路斷銀河月　별나라 뗏목[306]은 은하수와 달에 가는 길이 끊어졌는데,
笙鶴天長緱嶺雲　생황 부는 하늘 먼데 구령[307]에 구름 꼈네.
惆悵西郊芳草路　서글프다. 서쪽 교외 방초가 우거진 길은

---

300 상외(象外) : 평범하고 속된 것에서 초연한 상태.
301 도솔천(兜率天) : 불교에서 말하는 욕계(欲界) 6천(六天) 중의 제4천. 도솔천은 미륵보살의 정토(淨土)로서, 정토신앙과 밀접한 관계가 있다.
302 구절장(九節杖) : 신선이 집고 다닌다는 아홉 마디 지팡이.
303 곽외(郭隗)가 연인(涓人 : 궁중 소제를 맡는 사람)에게 거금을 주어 천리마를 구해 오라고 하자 죽은 천리마를 5백 금에 사 왔더니 1년이 채 못 되어서 천리마가 세 필이나 모여들었다는 고사를 쓴 것이다. 『戰國策』「燕策」 참조.
304 장진주(將進酒) : 요(鐃)라는 악기를 울리면서 노래하는 군악의 한 가지로써 요가(鐃歌)라고 함. 내용은 '술을 마시며 즐기자'거나 '술을 마시되 삼가하자'는 것 등인데 한(漢)나라 때부터 발달하여 여러 사람의 것이 있으나 당(唐)나라 이백(李白)의 것이 유명하다.
305 신릉군(信陵君) : 전국(戰國) 때 위 소왕(魏昭王)의 공자(公子).
306 성사(星槎) : 팔월사(八月槎)를 가리킨다. 전설에 음력 8월이 되면 어김없이 은하수를 왕래한다는 뗏목. 전의되어, 제 때에 왕래하는 배를 비유하는 말.
307 구령(緱嶺) : 주평왕(周平王)의 태자 왕자진(王子晋)이 구령(緱嶺)에서 신선이 되어 학을 타고 하늘로 올라갔다 한다.

年年春色帶斜曛　해마다 봄빛이 석양 띠고 있으리라.

임준이 황주의 임지로 가는 것을 전송하며 送任稚明之任黃州

城西斜日未堪留　성의 서쪽 기운 해를 만류할 수 없으니
綠樹黃鶯摠別愁　녹수의 꾀꼬리에 모두가 이별하는 수심이네.
宇宙文章任學士　우주의 문장가인 임학사이고,
江山形勝月波樓　강산의 경치 좋은 월파루일세.
銀鱗魚躍長於杵　뛰노는 흰 물고기 절구 공이보다 길고,
金色梨香大似頭　향기 짙은 금색 배는 크기가 머리통 같네.
紬被放衙應有暇　일 끝나면 명주 이불 덮는[308] 여가 있으니
使君爲政亦風流　사군이 정사함에 또한 풍류 있구려.

308 정사를 게을리 한다는 뜻이다. 청(淸)나라 저인확(褚人穫)의 『堅瓠五集』에 다음과 같은 내용이 나온다. 文潞公[彦博]爲楡次縣令, 題鼓樓云, 置向樵樓一任撾, 撾多撾少不知他, 如今幸有黃紬被, 努出頭來早放衙. 世傳宋太祖謂縣令曰, 切勿於黃紬被裏放衙.

홍변의 송행시에 차운하여 신우상[309]과 대야(大爺)[310] 신광수에게 부치다 次琴湖洪季周昪送行韻, 寄申孟權大爺石北

鏡中吾髮想君衰　거울 속 내 머리털에 그대 늙음 상상되니,
往在春初不見之　초봄에 찾아갔다 만나지 못하였네.
天下豈無烟客筆　천하에 어찌 연객만한 글씨가 없으랴만,
人間獨有聖淵詩　세상에는 유독 성연(신광수)의 시만 있네.
崇文洞裏花開後　숭문동 속에서는 꽃이 핀 뒤였고,
明禮坊中月落時　명례방 안에서는 달이 질 때였네.
欲斲雲根將作斧　운근[311]을 쪼개려고 장차 도끼 만들어서
臨分又贈杜家兒　헤어질 때 또 두씨 집안 아이에게 주노라.[312]

---

309 맹권(孟權) : 신우상(申禹相, 1730～1799)의 초명(初名)이다. 자가 선용(善用), 백익(伯益)이고 호는 나운(懶雲)이다. 석북 신광수의 아들인데 문장(文章)으로 유명했다 한다. 1771년 문과에 급제, 1774년 사간원정언, 1787년 헌납, 1792년 사간 등을 역임하고, 1797년 사헌부집의로 재직하면서 과거시험의 엄정을 기할 것을 주장하여 채택되었다. 이용휴는 그가 고흥 군수로 나갈 적에 「送申使君善用之任高興序」라는 송서(送序)를 써주기도 하였다. 그와 관련된 글들은 많은 남인 문인들의 문집에서 찾아볼 수 있는데 다음과 같다. 채제공(蔡濟恭)은 『樊巖集』에 「送申善用禹相通判鏡城」을, 정범조(丁範祖)는 『海左集』에 「送申善用禹相宰興陽二首」, 「約幼選天與善用會城南水閣蓋諸少年偕焉拈韻各賦」, 「贈善用」, 「黃驪行, 感題驪江錄後, 贈震澤申文初兼視善用」을 남기고 있으며, 신광수는 자신의 아들과 관련된 「白門夜酌與夢瑞季通景休禹相共賦 四首」라는 시를 남기고 있다.

310 대야(大爺) : 원로(元老)에 대한 존칭으로 쓴 것이다.

311 운근(雲根) : 산에 있는 바위를 가리킨다.

312 이 시의 7, 8구는 '석부(石斧)를 전(傳)했다'라는 고사(故事)를 응용한 시구이다. 당(唐)나라 두보(杜甫)의 아들 두종무(杜宗武)가 시를 지어서 완적(阮籍)에게 보여주니 완적이 석부(石斧 : 돌도끼) 한 벌을 딸려서 그 시(詩)와 함께 돌려 주었는데, 그 뜻풀이를 '천하의 시명이 또 두씨 가문에 있다[天下詩名, 又在杜家]'라고 했던 것에 의하여 후세에서는 한 가문에 대를 이어 한시(漢詩)를 잘 짓는 것을 '석부를 전했다[傳石斧]'라고 한다.

당률에 차운하되 뜻을 반대로 하다 次唐律韻, 反意

一機常轉萬吹喧　일기(一機)는 항상 돌고 만취는 시끄러운데
仰視天高道亦尊　올려보니 하늘 높고 도 또한 높았네.
庶物有形人最貴　형상 있는 사물 중엔 인간 가장 존귀하나,
化工無跡孰知恩　자취 없는 조물주니 그 누가 은혜 알랴.
公孫謾說臧三耳　공손룡은 노비에게 귀가 셋 있다는 걸[313] 쓸데없이 말했고,
佛氏虛傳不二門　부처는 불이문[314]을 헛되이 전하였네.
性命雙修圭旨在　마음과 몸을 함께 닦는 것[315]은 규장과 같은 뜻이 있으니,
昌黎非是學無原　한유에게 학문의 근원이 없는 건 아니었네.

황주의 임사군[316]에게 증정하다 寄呈黃州任使君

天何耳目與聰明　하늘은 어찌 이 사람에 총명을 주어서
奎藻人間瑞老成　세상에서 문장으로 상서로운 노인 이루게 했나.

---

313 장삼이(臧三耳) : 공천(孔穿)과 공손룡(公孫龍)이 노비는 세 개의 귀를 가졌다는 궤변을 놓고 논쟁을 벌였다 한다.

314 불이문중(不二門中) : 불교술어로 불이(不二)의 법문(法門)을 의미한다. 불교에는 팔만 사천개의 법문이 있는데 그중에서 불이의 법문이 모든 법문의 상위에 있어 성인의 도를 그대로 볼 수 있게 해준다. 불이(둘이 아니다)라는 것은 하나의 참된 것을 뜻하고 저것과 이것의 차별이 없이 대립을 초월한 경지를 가리킨다.

315 성명쌍수(性命雙修) : 도교 용어이다. 성(性)과 명(命)을 동시에 수련한다는 말. 성(性)은 본성(本性) 또는 마음을 뜻하며, 명(命)은 수명(壽命) 또는 목숨, 즉 몸을 말한다. 곧 몸과 마음 공부를 함께 하는 것을 이른다.

316 임사군 : 임준(任埈, 1718～1769)으로 보인다.

百里蒲鞭詩太守　백 리(百里)[317]에 부들 채찍을 쓰는 시짓는 태수였고
一囊花筆畵先生　주머니에 화필 있는 그림 선생이었네.
隣家花竹人皆見　이웃집의 화죽(花竹)을 모든 사람 보듯이,
親友功名我亦榮　친한 벗의 공명은 나 또한 영광일세.
自笑僧團千百破　우습구나, 승려들을 천 번 백 번 부수어도
日中猶復打三更　해 떠있는데 오히려 다시 삼경을 치는구나.

임준의 매랑(梅娘)과 이별하는 시를 차운하다 次任稚明別梅韻

新聘梅娘宴爾初　새로 매랑(梅娘) 맞이하여 신혼생활[318] 처음인데
芳盟曾結百年居　꽃다운 맹세는 일찍이 백 년의 동거를 맺었었네.
封家未學長生訣　봉가[319]는 장생의 비결을 못 배웠고,
香譜誰編續命書　향보에는 누가 속명하는 책을 엮었으랴.
萼綠華歸仙業短　악록화[320]가 돌아간 건 선업이 짧아서고,
李夫人病帝恩踈　이부인이 병든 것[321]은 황제 은혜 성글어서네.
天涯一別無消息　천애에서 이별한 후 소식 없으니
金屋寥寥鎖玉魚　금옥(金屋)은 쓸쓸하고 옥어(玉魚)[322]를 봉쇄(封鎖)했네.

317 백 리(百里) : 옛날 행정구역 단위인 한 고을을 일컫는다.
318 연이(宴爾) : 신혼(新婚)을 가리킨다. 『詩經』「邶風」「谷風」에 "宴爾新昏, 如兄如弟"라 했다.
319 봉가(封家) : 후작(侯爵)에 봉한 가문.
320 악록화(萼綠華) : 중국 고대 전설(傳說)에 나오는 도교(道教) 여선(女仙) 이름이다. 간략히 악록(萼綠)이라고도 쓴다.
321 이부인(李夫人)이 병든 것 : 고사가 있을 것으로 보이나 찾을 수 없다.
322 옥어(玉魚) : 부장품(副葬品)을 이르는 말. 한(漢)의 오초칠국(吳楚七國)이 반란을 일으켰

이사현의 시에 차운하여 임준에게 올리다[323] 次李台秉士鉉韻, 奉任稚明景潤

[1]

耳目聰明事　이목이 일에 관해 총명하기도 하니
天生我不虛　하늘이 날 낳은 일 헛되지 않았구나.
江山數幅畵　강산은 여러 폭의 그림이었고,
天地一篇書　천지는 한 편의 책이로구나.
世事須看末　세상 일 모름지기 끝을 보아야하니,
人心貴返初　사람 맘은 처음으로 돌아감이 귀하네.
文章如斷案　문장에 단안[324]을 내릴 수 있다면
元白間何居　원진 · 백거이 간에 어디에 있으려나.

[2]

異代才難借　다른 세대에 재주를 빌리기는 어려우니,
士無名下虛　선비는 이름 아래에 헛된 것 없네.
維時二大諫　그 때 당시 두 명의 대사간(大司諫)은
多讀古人書　옛 사람의 서적을 많이 읽었네.
禮樂回三代　예악은 삼대를 회복하였고
王風屬一初　왕풍은 초기에 속하였었네.
韜光思洞號　'빛을 숨긴다'는 동네 이름 생각하여

을 때, 초왕(楚王) 무(戊)의 태자(太子)가 장안(長安)에 조회하러 갔다가 반란에 연좌되지 않고 그곳에서 죽자, 천자가 옥어(玉魚) 한 쌍을 부장품으로 준 데서 유래하였다.

323 이 시는 산(刪)이라 기록되어 있다.

324 단안(斷案) : 옳고 그름을 판단함.

城市且幽居　성시인데도 오히려 숨어 사노라.

신사년(1761) 상원날 밤에 달 구경을하다[325] 辛巳上元夜, 玩月

水表長橋十尺高　수표교 긴 다리가 십 척이나 높은데,
川渠舊役敢言勞　개천의 옛날 역사 감히 수고롭다 말하랴?
携來天上如盤月　천상 위 쟁반 같은 달 끌고 와서,
君七家中錢一刀　그대의 일곱 집에 돈으로 삼으리.[326]

유중림의 늙은 홀아비[老鰥] 시에 화운하다[327] 和藥隱柳重臨大而老鰥詩

老且無妻曰　늙고 아내 없는 것 말하기를
腹悲空自知　마음 속 슬픔 부질없이 스스로 알겠네.
一衣三歲久　옷 한 벌로 삼 년이나 오래 입었고,
雙眼五更遲　두 눈은 오경이 더디기만 했으리.[328]
筋力何誇健　근력은 얼마나 건강 자랑했던가.
髭鬚未諱衰　머리털은 노쇠함을 못 숨기었네.
此身無累喜　이 몸은 매인 것이 없는 기쁨을

325 이 시는 산(刪)이라 기록되어 있다.
326 착도(錯刀)를 말하는 것으로 보인다.
327 이 시는 산(刪)이라 기록되어 있다.
328 이 시구는 새벽까지 잠들지 못했을 것이라는 뜻으로 쓴 것이다.

隨事屬家兒　일마다 집 아이에 이어주리라.

박동현[329]의 28경 시에 화답하다[330] 和駝翁朴彦晦二十八景

[1]

古有華山辨　옛날에는 화산에 대한 말이 있었고,
今有駝峯辨　오늘날엔 낙타봉에 대한 말이 있네.
山靈應有感　산신령은 감회가 있을 것이니,
豹菴有高見　표암 강세황도 높은 견해 있었네.

右槖駝峰　위는 낙타봉이다

[2]

彌勒冒石笠　미륵은 돌 삿갓을 머리에 쓰고
將軍戴金胄　장군은 금 투구를 이고 있지만,
未若石學士　같지 못하리 석학사가
着得烏紗帽　오사모를 쓰고 있는 것만은

右烏紗巖　위는 오사암이다

---

329 박동현(朴東顯, 1711～?) : 본관은 밀양(密陽). 자는 언회(彦晦)이고, 호는 낙원(駱園)이다. 강세황도 「和駱園朴彦晦東顯梅花十咏」이란 시를 지었다.

330 이 시는 산(刪)이라 기록되어 있다.

[3]

山人隱在山　산 사람이 산에서 은둔을 하니,
青山自作屛　푸른 산이 스스로 병풍 되었네.
莓苔斑如畫　이끼는 얼룩짐이 그림 같으니,
何必用丹青　어찌 꼭 단청을 쓸 것 있는가.

右隱屛疊　위는 은병첩이다

[4]

千峯猿鳥寂　여러 봉우리엔 원숭이와 새가 적막하고,
半嶺林木哀　고개의 중턱엔 숲 나무가 서글피 우네.
劃然長一嘯　획하니 길게 한번 휘파람 부니
天地有高臺　천지에는 높직한 누대 있도다.

右舒嘯臺　위는 서소대이다

[5]

氷壺洞瀅澈　빙호는 환하게 맑고 맑으며,
水月湛空明　물가 달은 맑은 물결에 떠 있네.
皭然無餘滓　깨끗하여 남아 있는 찌꺼기가 없으니
蹤跡與雙淸　자취를 두 개의 맑음(물과 달)과 함께 하리.

右洗心臺　위는 세심대이다

[6]

二松相對老　두 소나무가 마주해서 늙었는데,

不知幾百齡　몇 백 년이 되었는지 모르겠구나.

根蟠凝流脂　뿌리는 서리어 유지가 엉겨있고

其下有茯苓　그 아래에 복령이 자라 있도다.

右二松臺　위는 이송대이다

[7]

二松憐幷翠　두 소나무가 어여쁘게 한결같이 푸르러,

雙槐與同春　두 홰나무와 봄철을 함께 하누나.

壇上矍柏樹　단 위엔 한 쌍의 측백이 있고,

壇下幾詩人　단 아래엔 몇 명의 시인 있도다.

右矍柏壇　위는 확백단이다.

[8]

雙槐門前立　한 쌍의 홰나무가 문 앞에 서 있는데,

落日多蟬聲　해질녘에 매미 소리 소란스럽네.

志士悲秋意　지사(志士)가 가을을 슬퍼하는 생각을,

名以不平生　불평한 삶이라고 이름 붙였네.

右雙槐溪　위는 쌍괴계이다

[9]

巧曆何能數　교력[331]이 어찌 능히 헤아릴손가.

楓木木以風　단풍 나무는 목(木)변에 풍(風)으로 했네.

秋霜紅一色　가을 서리에 붉은색 일색이고,

洞水水流同　골짜기 물은 물의 흐름이 같네.

右萬楓洞　위는 만풍동이다

[10]

試問九節蒲　시험삼아 구절[332]에 대해 묻노니,

何如三秀芝　삼수지[333]와 어떠 하던가.

仙圃有遺種　신선의 남새밭에 남은 종자 있다면,

更向此中移　다시 이곳에다 옮겨 놓게나.

右紫芝圃　위는 자지포이다

[11]

根托學士階　뿌리를 학사의 섬돌에 의탁을 하고,

花如菩薩面　꽃은 보살의 얼굴과 같네.

寂寂山日午　적적한 산중엔 해가 한낮인데,

---

331 교력(巧曆) : 역산(曆算)에 정통한 사람.

332 구절포(九節蒲) : 창포의 별칭이다.

333 삼수지(三秀芝) : 영지(靈芝)를 말함. 1년에 세 번 꽃이 피어서 이렇게 부른다고 한다.

紅影微風轉　붉은 그림자에 미풍이 나부끼네.

右紅藥階　위는 홍약계이다

[12]

兩岸秋風起　양쪽 기슭에 가을바람 일더니

紅蓼花垂垂　붉은 여뀌는 꽃이 늘어졌도다.

最被蜻蜓戀　잠자리의 연모를 많이도 받아

花頭舞故遲　꽃 머리가 춤추기를 짐짓 오래하누나.

右紅蓼岸　위는 홍료안이다

[13]

小塢逢秋晩　작은 언덕이 늦가을 되었는데,

西窓過雨跡　서창에는 빗줄기 지나갔도다.

翠牘藏何意　비취빛 편지 간직한 건 무슨 뜻인가?

珍重故人書　친구 편지 소중히 여겨서이네.

右綠蕉塢　위는 녹초오이다

[14]

綠磵流碧潭　초록빛 간수가 벽담으로 흐르는데

噴作千片玉　뿜어서 천 조각의 옥을 만드네.

瑩澈無點瑕　아주 맑아 한 점의 티도 없으니
君子所佩服　군자가 명심(銘心)하여 기억해야 하리라.

右歕玉潭　　위는 분옥담이다

[15]

或譬垂白練　혹자는 마전한 흰 베 드리움에 비유하고,
或譬掛玉龍　혹자는 옥룡이 걸린 것에 비유하네.
未若振振鷺　떼로 나는 해오라기 같진 못해도,
亦自有斯容　또한 절로 이러한 모습 있노라.

右振鷺瀑　　위는 진로폭이다

[16]

行藏志士識　행장[334]은 지사의 식견이었고,
顯晦君子賢　현회[335]는 군자의 현명함이네.
此淵若有龍　만약에 이 못 속에 용이 있다면,
亦必時出淵　또한 꼭 때때로 못에서 나오리.

右時出淵　　위는 시출연이다

---

334 행장(行藏) : 나서서 일을 행함과 들어앉아 숨는 일.
335 현회(顯晦) : 세상에 알려지는 것과 알려지지 않은 것. 현달함과 은둔함.

[17]

殷湯有盤銘　은(殷)나라 탕왕(湯王)에는 반명(盤銘)[336]이 있고,
佛家有水觀　불가(佛家)에는 수관(水觀)[337]이 있도다.
莫教戲瓦兒　기와 갖고 노는 아이로 하여금,
把作二水看　그것을 두 가지 물로 보게 하지 말라.

右日新井　위는 일신정이다

[18]

不作樊籠囚　번롱[338]에 갇힌 몸이 되지 않으니,
雲霄一點白　구름 높은 하늘에 한 점 희도다.
翩翩縞衣去　훨훨 날아 흰 옷을 입고서 가니,
沙汀同一色　모래 물가와 같은 색이로구나.

右放鶴汀　위는 방학정이다

---

336 반명(盤銘) : 중국 은(殷)나라의 건국 시조 탕왕(湯王)이 자신을 경계하기 위해 세숫대야에 새겨놓았다는 훈계의 글. 그 내용은 '苟日新, 日日新, 又日新'으로, '진실로 날로 새로워지고, 날마다 새로워지며 또 날로 새로워진다'라는 의미임. 탕왕이 '세숫대야'에 훈계의 글을 새긴 이유는 자신이 세수할 때마다 이 글을 보고 처음의 마음을 유지하기 위해서였음.

337 수관(水觀) : 불교용어이다. 수상관(水想觀)을 가리킨다. 먼저 물이 맑은 것을 살펴 보고, 차차 생각을 나아가게 하여 유리와 같이 넓고 편평한 대지와 광명이 안팎에 두루 비친 정토의 대지를 관상하는 법.

338 번롱(樊籠) : 새장 또는 짐승의 우리. 속박당하여 자유롭지 못한 처지를 비유한다.

[19]

惟說昉一字　방(昉)이라는 한 글자만 말하였으니
可以時習之　때때로 그것을 익힐만 하네.
學歟不學歟　배울건가 배우지 않을 것인가.
求之有餘師　구한다면 여유 있는 스승 있으리.[339]

右學求齋　위는 학구재이다

[20]

眞翁在眞廬　진짜 노인에게 진짜 집이 있으니,
六眞之所廬　육진이 거처하는 장소이도다.
壺中眞一酒　병 안에는 진짜로 한 병의 술이 있고,
牀頭養眞書　책상 위엔 양진(養眞)하는 책이 있도다.

右六眞廬　위는 육진려[340]이다

[21]

日日東園上　매일 동쪽 동산에 오르다보니

339 『맹자』「告子 下」에 다음과 같이 나온다. "무릇 도라는 것은 마치 큰 대로와 같아서 어찌 알기 어려울 것이 있겠는가? 사람들이 구하지 않는 것이 병이 될 뿐이다. 그대가 돌아가 구해보면 여러 스승이 있을 것이다[曰夫道, 若大路然, 豈難知哉? 人病不求耳. 子歸而求之, 有餘師]."

340 육진려(六眞廬) : 이 시의 저자가 자타간(自他間)에 어떤 서재에 붙인 이름이다. '여섯 가지의 참된 것이 있는 집'이라는 뜻인데 여섯 가지의 내용은 알 수 없다.

杖屨不曾閑　지팡이와 신발이 한가한 적이 없네.

閑中仍成課　한가한 가운데 일과[341]를 이룬다면

終年興不刪　평생토록 흥취가 줄지 않을 것이네.

右日涉亭　위는 일섭정이다

[22]

莫作堅白辨　견백(堅白)[342]이란 변론(辨論)을 만들지 말고,

莫掉雌黃舌　자황(雌黃)[343]에 관한 혀를 흔들지 말라.

胡爲業白生　어찌하여 흰 것을 업으로 하는 서생이

苦吟尙玄石　몹시도 검은 것을 숭상하는[344] 돌을 읊는가.

右尙玄石　위는 상현석이다

[23]

天末十丈氣　하늘 끝에 열 길의 기운이었고,

---

341 일과(日課) : 매일 해야 할 일. 여기서는 날마다 동원(東園)에 오르는 일을 이른다.

342 견백(堅白) : 견백동이(堅白同異)의 준말. 전국 시대 공손룡(公孫龍)이 제창한 궤변(詭辯)으로 단단하고 흰 돌은 눈으로 보았을 때 그것이 희다는 것은 알 수 있으나 단단한 지는 모르며, 손으로 만져 보았을 때 그것이 단단한 것인 줄은 알 수 있으나 빛깔이 흰지는 모른다는 변론. 곧 단단하고 흰 돌의 존재는 동시에 존재할 수 없다는 개념에서 시(是)와 비(非), 동(同)과 이(異)를 뒤바꾸어 억지로 설명하는 것을 이른다.

343 자황(雌黃) : 광물 자황(雌黃)으로 만든 안료(顔料). 누런 종이에 쓰인 잘못된 글자를 칠하여 고치거나 그림을 그리는 데에 썼다. 여기서는 전의(轉意)되어 함부로 잘못된 비평을 하는 것을 가리킨다.

344 상현(尙玄) : 검은색을 숭상함. 또는 쇠로 만든 것을 숭상함.

元龍百尺樓　원룡이 백 척의 누대 있도다.[345]
昔聞青霞洞　옛날에는 청하동을 들었더니,
今見青霞樓　지금에는 청하루만 보게 되누나.

右青霞樓　위는 청하루이다

[24]
莫向青雲去　푸른 구름(벼슬) 향해서 떠나지 말고,
須與白雲歸　모름지기 흰 구름과 함께 돌아가라.
登玆賦詩足　여기에 오르면 시를 짓기에 족하니,
不必如翬飛　반드시 휘비[346]하는 것만 같지 않으리.

右白雲樓　위는 백운루이다

[25]
淵明松菊在　도연명은 소나무와 국화가 있었고,
仲蔚蓬蒿開　중울은 쑥댓길을 열어두었네.[347]

---

345 원룡이~있도다 : 높은 곳에 임해서 장엄한 회포를 펴는 것을 가리킨다. 『三國志』「魏志」「陳登傳」에 "劉備曰 : '君(許汜)求田問舍, 言無可釆, 是元龍所諱也, 何緣當與君語? 如小人, 欲臥百尺樓上, 臥君於地, 何但上下床之間邪?"라 했다.

346 휘비(翬飛) : 휘비조혁(翬飛鳥革)을 가리킨다. 웅장하고 화려한 건물을 비유하는 말이다. 『시경』「小雅」「斯干」에, "공중에 우뚝한 건물의 모양은 마치 새가 깜짝 놀라서 날개를 펴는 듯하고, 화려하게 장식된 추녀는 마치 꿩이 날아오르는 것 같다[如鳥斯革, 如翬斯飛]"라 했다.

347 중울은~열어두었네 : 후한(後漢)의 장중울(張仲蔚)은 천문학에 밝았고 시부(詩賦)도 좋아하였다. 집이 빈한하여 사는 곳은 언제나 다북쑥이나 잡초가 사람의 키를 넘을 정도였다. 그래도 사람의 출입을 막으며 천성을 지키고 기를 뿐 명성과 이익을 원하지 않았다. 『蒙求』에 나온다.

三三曰九數　삼삼을 일러서는 구수라 하니,
只許二仲來　다만 이중[348]이 오는 것만 허락하누나.

右三三逕　위는 삼삼경이다

[26]

春早茱萸發　봄이 이르면 수유가 활짝 피었고,
秋晩茱萸實　가을 늦으면 수유가 열매 맺었네.
花實佳可餐　꽃과 열매는 아름답고 먹을 만하니
三月與九日　3월과 9월의 9일이었네.

右茱萸墩　위는 수유돈이다

[27]

老可今已仙　늙어서 이제 신선이 되었다 하리니,
畫家繁亦難　화가는 번잡해서 또한 그리기 어려우리.
六月無炎熱　6월인데 불볕 더위 없을 것이니,
萬玉不勝寒　만옥 때문에 추위를 못 이기겠네.

右寒玉林　위는 한옥림이다

---

348 이중(二仲) : 한(漢)나라 때 양중(羊仲)과 구중(求仲)이다. 장후(蔣詡)가 동산에 세 갈래의 길을 내고 오직 양중·구중과만 사귀었다. 두 사람은 모두 후대에 은거한 선비를 가리키는 말로 사용된다.

유숙평의 새로 지은 건물에 지어 보내다 寄題棋巖柳叔平新築

何處楊州不是山　양주의 어디인들 산이 아니랴만
君心吾識送君還　그대 맘을 내가 알아 그대 감을 전송했네.
先塋碑碣松杉裏　선영의 비갈은 소나무 삼나무 속에 있을 것이고,
合族茅茨水石間　온 집안의 초가집은 수석 틈에 있으리.
道達源泉流厚澤　도가 원천에 도달했으니 후한 은택 흐르고,
天成棋局餉淸閑　하늘이 바둑판을 이뤘으니 청한을 누리네.
故家餘業應無艾　고가(故家)의 남은 업은 응당 변치 않아서는,
彪炳文章後葉斑　빛나는 문장은 후손들 빛나게 되리.

봄을 맞이하다 迎春

天地空然老此生　천지 간에 공연스레 이 인생 늙어가니,
文章嗟不賊時鳴　문장은 당시에 성대히 울리지 못함 한탄했네.
靑春忽退眞無賴　청춘이 홀연 가니 진실로 기댈 곳 없는데,
白髮何從若有情　흰 머리는 어데서 오나 마치 감정 있는 것 같네.
水暖溪橋舒柳眼　물이 따스한 시내의 다리에는 버들의 새싹[349]이 펴고,
日長茆屋緩鷄聲　해가 긴 초가집엔 닭소리가 길게 울려 퍼지네.
年年此夕煩迎送　해마다 이 저녁을 번거롭게 맞고 보내니,

349 유안(柳眼) : 버드나무의 새싹.

不息還同赴遠程　쉬지 않는 것이 도리어 먼 길을 가는 것 같네.

설날에 시험삼아 써서 임위 어른에게 주다 元朝試筆, 呈紫厓任令

[1]

龍門太史蓄淸娛　용문 태사는 맑은 즐거움 쌓아두어

華不山前戲阿駒　화불산(華不山)[350] 앞에서 아구(阿駒)[351]를 희롱하셨네.

子幼文章眞宅相　자유[352] 같은 문장은 진실로 택상[353]이니,

他時餞誄石行徒　이후에 전뢰(餞誄)는 석행(石行)의 무리이리.[354]

[2]

人穀天穿又耗磨　사람의 곡식과 하늘의 구멍은 또 모마일[355]이고,

新年月額吉辰多　신년의 월액(月額)[356]에는 좋은 때 많네.

饅頭皮厚陽成繭　만두 피가 두꺼워 겉으로는 누에고치 되었으니

碓樂誰爲送歲歌　방아노래 누가 해를 보내는 노래라 했던가.

---

350 화불산(華不山) : 자애(紫厓) 거주지의 뒷산일 것이다.

351 아구(阿駒) : 아(阿)는 명사앞에 쓰여 친밀감을 나타내는 접두사. 구(駒)는 말[馬]의 새끼, 곧 '망아지'라는 말인데 흔히 '사랑스러운 어린 아기'의 비유로 쓰는 말이다.

352 자유(子幼) : 어떤 사람의 자(字)로 보인다.

353 택상(宅相) : 장래에 높이 잘 될 외손(外孫).

354 이 시구의 전뢰(餞誄)는 죽은 사람에게 고하는 추도사(追悼辭, 祭文)라는 뜻이며, '석행(石行)'은 신라사선(新羅四仙)의 한 명인 남석행(南石行)을 이르는 말로 보인다

355 모마일(耗磨日) : 음력 정월 16일. 이 날 술을 마시고 즐기는 세시풍속이 있다.

356 월액(月額) : 음력 매월 초 하룻날을 이르는 말이니, 여기서는 정월 초하루, 곧 '설날'을 가리킨 말이다.

석채[357]를 하고 나서 상감께서 대성전 안의 제사에 집사한 여러 유생들을 경현당에 불러서 중용장구를 강론하셨으므로 시를 읊다

釋菜自上, 招殿內祭執事諸生于景賢堂, 講中庸章句, 有吟

六十書生白髮長　예순 먹은 서생은 흰머리 기다란데,
五雲深處近龍光　오운이 깊은데서 용광을 가까이했네.
白硾三束承天寵　백수 세 묶음은 천총을 이었으니
大讀中庸費隱章　중용의 비은장(費隱章)[358]을 큰 소리로 읽었도다.

박동현의 집에서 유숙평과 더불어 원굉도의 운자를 뽑다

企臺朴彦晦家, 與柳叔平, 拈袁中郎韻

[1]

近市稱幽絶　성시에 가까워도 깊숙하다 일컬어졌는데,
今來勝昔聞　이제 와보니 옛날 듣던 것보다 나았네.
鼯枝松作籟　다람쥐 있는 가지에선 솔바람 소리나고,
龍刻石生雲　용을 새긴 돌에는 구름이 끼네.
春早鶯猶澁　이른 봄이라 꾀꼬리 소리가 아직은 난삽하고[359]

---

357 석채(釋菜) : 음력 2월과 8월의 상정일(上丁日)에 문묘에서 공자에게 지내는 제사.

358 비은(費隱) : 정치에서 주장하는 것이 달라서, 은거하면서 벼슬하지 않는 것을 이른다. 『中庸』에 "君子之道, 費而隱"이라 했다.

359 앵유삽(鶯猶澁) : 꾀꼬리 우는 소리가 매끄럽지 못하다는 말. 꾀꼬리가 이른 봄에 우는 소리는 매끄럽지 못한 소리를 내다가 점차로 능숙한 소리를 낸다.

花深蝶不分　꽃 깊으니 나비와 구분 안 되네.
風流企老遠　풍류 있는 기로(企老)는 멀리 있는데,
餘景屬諸君　남은 경치가 제군(諸君)들에게 속해 있도다.

[2][360]
若除風雨夕　만일 비바람 치는 저녁을 뺀다면,
春日少佳時　봄날은 좋은 철이 적어지리라.
鬪局增旋彩　싸우는 바둑으로 정채(旋彩) 더하였고
看花赴女期　꽃을 보려고 여자와의 기약에 나아갔네.
江山多爾得　강과 산은 그대에게 얻은 것 많고,
歲月不吾遲　세월은 나를 위해 더디지 않네.
有興閑拈筆　흥이 나서 한가롭게 붓을 잡고서,
硏朱匣折枝　주사 갈아 상자에서 가지 꺾었네.

다시 앞의 운자에 차운하여 임준에게 보여주다 復次前韻, 示松西任稚明

[1]
無憂尙記我生初　내 처음에 근심없던 시절 생각나는데
三惡鄕中愧子居　삼악[361]에 있어 그대에게 부끄럽네.
欹枕湖山千里夢　호산에서 베개 기대 천 리를 꿈꿀테고,

360 이 시는 산(刪)이라 기록되어 있다.
361 삼악(三惡) : 악인이 죽어서 가는 세 가지 괴로운 세계를 말한다.

閉門風雪一燈書　눈보라에 문 닫고서 등불 켜고 책 보겠지.
人情日覺親而密　인정은 날마다 친밀함을 깨달으니,
友道誰言數則踈　'자주 충고하면 소원해진다'고 뉘 말을 하는가.[362]
大釣君家公子手　큰 낚시질하는 그대의 집은 공자(公子)의 솜씨이니,
舊交須勿棄前魚　옛 사귐에 앞서 잡은 물고기를 버리지 말라.

[2]

正始誠難及盛初　바른 시작은 진실로 성대한 처음에 미치기 어려우니,
降而楊范果何如　아래로 내려와서 양씨와 범씨[363]가 과연 어떠했던가.
揮來造化無心筆　조화의 무심한 붓을 휘둘러,
掘得名山象物書　명산의 상물(象物)하는 글을 채굴했네.
風塵一劒青霞斂　풍진에 한 칼 휘둘러서 푸른 노을 거두었고,
天地悲歌白髮踈　천지 간 슬픈 노래에 흰 머리 듬성했네.
九萬南溟前夜夢　구 만 리의 남명을 전날 밤 꿈꿨으니
有時盆水躍鯤魚　때때로 동이 물에 곤어가 뛰어 놀았네.

유중림의 시운에 차운해서 임위에게 주다 次柳大而韻, 呈任稚明

佳節重陽空自回　가절인 중양절이 부질없이 절로 오니,
黃花應愧向人開　국화꽃은 사람 향해 피는 것을 부끄러워 할거네.

362 『論語』 「里仁」에 "子游曰, '事君數, 斯辱矣. 朋友數, 斯疏矣'"라 했다.
363 양씨와 범씨 : 송(宋)나라의 양만리(楊萬里)와 범성대(范成大)를 가리킨다.

烟霜夜色千家冷　연기와 서리 오는 밤빛은 천 집이 차갑고,
天地秋聲一雁來　천지에 가을 소리는 한 마리의 기러기 왔네.
半世優游聊可樂　반평생을 소요함은 그런대로 즐길 만하니,
此生貧賤詎堪哀　이 인생의 빈천은 정히 서글픈거네.
東城西郭尋應遍　동서쪽의 성곽을 두루 찾았으리니,
何處登高不是臺　어느 곳에 높이 오른들 누대가 아니겠나.

황강 임사군의 월파루 시운에 차운하다 次黃岡任使君月波樓韻

寥落公門靜　쓸쓸하게 공문이 고요도 한데
尋常過客留　예사롭게 과객이 머물러있네.
一天明月在　온 하늘엔 밝은 달 떠서 있었고
千古大江流　천고동안 큰 강물이 흘러가누나.
曉夢寒猶角　새벽 꿈이 차가운데 피리 울리고,
秋心惓欲樓　가을 마음 간절하여 누대에 오르려 하네.
蒲鞭以外事　부들로 만든 채찍 이외의 일은
太守亦詩愁　태수가 시 때문에 또한 시름을 하네.

상주 낙원점 尙州樂原店

商山山下數家村　상산(商山)의 산 아래 몇 가구의 마을은

十月行人早閉門　10월에 행인들이 일찍 문을 닫누나.
人去人來人自老　사람 가고 오는 사이 사람 절로 늙으니
樂原非樂是愁原　낙원점은 즐거운 데 아니고 수원점이네.

금관에서 상원날 밤에 달 빛을 밟다 金官上元夜, 踏月

星斗搖搖不耐寒　성두(星斗)[364] 뜬 밤, 몸 흔들려 추위 못 견디겠는데,
海天寥廓湧金盤　바다 하늘 넓고 큰데 금 소반(달) 솟는구나.
可憐萬里天涯色　가련하도다. 만 리나 먼 천애 빛깔은
不似長安道上看　장안 길의 위에서 보는 것과 같지 않네.

금릉 책실의 벽에 쓰다 金陵冊室題壁

白髮天涯客　백발로 먼 데 있는 나그네인데,
黃花故國秋　국화꽃 핀 고국의 가을이로다.
人生誰不老　사람 나서 누군들 늙지 않으랴만
男子自多愁　남자는 저 스스로 수심 많도다.
塔劫阿陀古　탑겁[365]은 아미타불(阿彌陀佛)이 예스럽고,
龜岑卵色浮　귀잠은 난색[366]이 떠서 있도다.

---

364 성두(星斗) : 넓은 의미로 하늘에 있는 별들을 가리킨다.
365 탑겁(塔劫) : 불탑이다.

伽倻遺曲在　가야의 유곡이 남아 있으나,
往事水東流　지난 일은 물이 동으로 흐름과 같네.

금릉의 중봉사에서 돌아오는 길에 읊다 金陵中峯寺, 歸路有吟

七山西畔夕陽微　칠산의 서쪽 두둑에 석양이 희미한데,
大野茫茫鸛鶴飛　망망한 큰 들판에 황새가 날아가네.
牝馬布衣三四客　암말을 탄 포의인 서너 명의 나그네가
中峯寺裡軟泡歸　중봉사 안에서 연포[367] 먹고 돌아가네.

신사운[368]이 보내온 시운에 차운하다 次申校理思運亨仲見贈韻

短褐天涯客　짧은 베옷을 입은 먼 데 있는 나그네
流離走刹塵　떠돌다가 국토(國土)로 달려가누나.
破瓢非我遯　쪽박을 부신 일[369]이 나의 은둔 아니고,

---

366 난색(卵色) : 단청색(蛋青色). 옛날 사람들이 많이는 하늘 빛을 이렇게 말했다 한다. 여기서는 귀잠(龜岑)이라는 산 봉우리가 빛남을 형용한 것이다.

367 연포(軟泡) : 얇게 썬 두부를 꼬치에 꽂아 기름에 지진 다음 닭국에 넣고 끓인 음식.

368 신사운(申思運, 1721~1801) : 조선 후기 문신. 본관은 평산(平山). 자는 형중(亨仲), 호는 낙운(樂耘). 1753년 문과에 급제하였다. 1776년 동지 겸 사은사의 서장관으로 청나라에 다녀와서 대사간 · 승지 · 형조참의 · 호조참판 · 찬성부 좌윤(左尹)을 역임하고, 한성부판윤 · 형조판서 · 대사헌 · 공조판서 · 의금부판사(義禁府判事)를 지냈으며, 문장에 능하고 서예는 해서(楷書)를 잘 썼다.

369 파표(破瓢) : 기표(棄瓢)란 말과 같다. 한(漢)나라 채옹(蔡邕)의 『琴操』「箕山操」에 "요임

降嶽見君神 악기가 내린 것을 그대의 정신에서 볼 수 있네.[370]
有玦孤臣泣 결옥 있어 고신(孤臣)이 울게 되었고,
無家學士貧 집 없으니 학사는 가난하였네.
當時昌化俗 당시 창화(昌化)의 풍속에
運甓幾多人 벽돌 나르는 이들[371] 몇이나 됐나.

신사운에게 바치다 奉申亨仲

放廢猶能赴太虛 쫓겨났어도 오히려 능히 태허로 가는데
金陵如得道觀居 금릉에서 마치 도관의 거처 얻은 것 같네.
可憐海外流離客 가련하도다! 해외(海外)로 떠도는 객은
借看雲間福壽書 구름 틈에서 복수서(福壽書)를 빌려 보네.

금 때 허유(許由)가 기산(箕山)에 은거하였는데, 늘 손으로 물을 움켜 마셨다. 사람들이 그가 그릇이 없는 것을 보고서 바가지 하나를 주었다. 허유가 마시고 나서 그 바가지를 나무에 걸어 놓았다. 바람이 불어서 나무가 움직이니 달그락 거리는 소리가 나자, 번거롭다고 여겨 드디어 바가지를 가져다가 버렸다[堯時許由隱居箕山, 常以手捧水而飮. 人見其無器, 以一瓢遺之. 由飮畢, 以瓢掛樹. 風吹樹動, 曆曆有聲, 由以爲煩擾, 遂取瓢棄之]"라고 했다.

370 『詩經』「大雅」「菘高」에 "菘高維嶽, 峻極於天. 維嶽降神, 生甫及申. 維申及甫, 維周之翰"라고 했다.

371 벽돌 나르는 이 : 도간(陶侃, 257~332)을 가리킨다. 동진의 명장. 양생법으로 아침저녁에 벽돌 백 장씩을 나른 운벽(運甓)의 고사가 있다. 『晉書』「陶侃傳」에 "侃在州無事, 輒朝運百甓於齋外, 暮運於齋內. 人問其故. 答曰 : '吾方致力中原, 過爾優逸, 恐不堪事.' 其勵志勤力, 皆此類也"라 했다.

신사운이 석방되어 그 형의 진산 임소에 형을 보러가는 것을 축하하며 賀申亨仲蒙宥, 歸覲于其伯珍山任所

履道人隨泰運回　이괘(履卦)의 도가 사람을 따르고 태운(泰運)[372]이 돌아와서
暗香春動玉山梅　암향이 봄에 움직이니 옥산의 매화일세.
火天上吉新年卦　화천[373]이란 상길[374]이 신년의 괘이니,
果驗金鷄喜報來　과연 금계가 기쁜 소리 가져올 것 증험되네.

객지에서 이[虱]에 관하여 읊다 客中詠虱

肘腋憂生浚血膏　팔꿈치와 겨드랑이에 근심 겹게 생겨 피와 기름 빼앗으니,
銛於蚤蝎小於螬　벼룩보단 날카롭고 굼벵이보다는 작네.
王公捫去談當世　왕맹(王猛)은 이[虱]를 문대면서[375] 당세를 담논했고,
佛印判來飮冷淘　불인(佛印)[376]이 판결해서 냉도(冷淘)[377]를 마시네.
慣誦阿房聲互答　아방궁부(阿房宮賦)를 익숙하게 외우니 소리 서로 응답하고,
每聞湯沸死難逃　끓는 물에 도망하기 어렵단 말 매번 들었네..

---

372 태운(泰運) : 걱정이 없고 평안한 운수.

373 화천(火天) : 『주역』의 화천 대유괘(火天大有卦)를 가리킨다.

374 상길(上吉) : 가장 높은 길일(吉日)을 말한다.

375 왕맹(王猛)~문대면서 : 방약무인함을 이르는 말. 진(晉)나라 왕맹이 남의 앞에서 꺼리지 않고 옷에 붙은 이를 문지르며 세상 경영에 관한 웅담(雄談)을 하였다는 고사에서 나온 말이다.

376 불인(佛印) : 송(宋)나라 때의 중. 이름은 요원(了元), 자는 각로(覺老). 소식(蘇軾)·황정견(黃庭堅)과 친하였고 시에 능숙하였다. 원부(元符) 원년(1098)에 입적하였다.

377 냉도(冷淘) : 냉면(冷麪)을 이른다.

鰥翁無妻兒無母　홀아비 늙은이는 첩이 없고 아이는 어미 없는데,
破褐蓬頭日欲高　누더기 베옷과 더벅머리에 해가 높이 뜨려하네.

임오년(1762) 2월 15일은 곧 불가에서 말하는 쌍림에서 열반(涅槃)한 날이다.[378] 금관[379]에서 통도사(通度寺)[380]와 몰운대(沒雲臺)[381]의 행사를 지었으니 구씨 어른과 및 족손 당과 숙이 함께 했고 소동인 학봉(鶴鳳)과 쟁금(錚金)이 따랐다. 덕산의 진리(津吏)[382] 집에서 점심을 먹고[383] 해질 무렵에 양주[384]에 도착했다. 그 원님은 곧 죽마[385]를 함께 탔던 옛 친구인 한광협[386]이라는 사람이었다. 십 년 동안 서로 작별한 뒤에 만났다. 해령과 천애의 먼 데에서 백발이 되어 서로 만나 슬프고 기쁜 것을 각자 적어 내려갔다.

지난날 임술년(1742)에 학고 김이만께서 여기에 와서 임직하였을

378 2월 15일은 부처가 입적한 날이다.
379 금관(金官) : 지금의 김해를 가리킨다.
380 통도사(通度寺) : 경상남도 양산시(梁山市)에 위치한 사찰이다. 영취산(靈鷲山) 남쪽 기슭에 있다.
381 몰운대(沒雲臺) : 부산광역시 사하구 다대동에 있는 경승지. 임진왜란 때 이순신 장군의 선봉장으로서 이곳 앞바다에서 전사한 녹도만호(鹿島萬戶) 충장공(忠壯公) 정운(鄭運)이 이곳 지명을 듣고 운(雲)과 운(運)이 같은 음인 것을 따라 "내가 이 대에서 죽을 것이다(我沒此臺)"라고 하였다는 고사가 있으며, 정운의 순절을 기리는 유적비가 있다.
382 진리(津吏) : 나루터를 관장하는 향리(鄕吏). 고려 현종 때 향리가 세분화되면서 진장(津長)으로 불리게 됨.
383 중화(中火) : 길을 가다가 점심을 먹음. 또는 그 점심.
384 양주(良州) : 경상남도 양산을 가리킨다.
385 조참(篠驂) : 죽마(竹馬)를 가리킨다.
386 한광협(韓光協, 1710~?) : 본관은 청주(淸州). 자는 치화(稚和)이다. 1743년 문과에 급제하였다.

때에 나 또한 따라와서 수개월 동안을 묵었다. 중간에 사람의 일이 바뀌었으니 21년 동안에 젊었던 자는 장정이 되고 장정이었던 자는 늙은이가 되고 늙은이였던 자는 죽었고 죽은 자는 무덤의 풀이 이미 오래 되었으니 사람으로 하여금 머리를 돌릴 수 없는 경지에 있게 한다. 남문 밖의 객점에서 자고 이튿날 아침에 통도사에 가니 살고 있는 중도 또한 옛날에 보던 얼굴이 아니었다. 하룻밤을 묵은 뒤에 양주로 돌아가서 다시 원님과 이야기 하면서 밥을 조금 먹고 범어사로 향했다[387] 壬午二月十五日, 卽佛家所謂雙[388]林涅槃日也. 自金官作通度沒雲之行, 具丈及族孫堂及埱, 與偕小童鶴鳳錚金從焉. 中火于德山津吏家, 薄暮到良州. 其主倅, 卽篠驂奮要, 韓光協稚和也. 相逢於十年相別之後, 海嶺天涯之遠, 白髮相看, 各敘悲歡. 往在壬戌鶴皐丈, 來莅于此, 余亦隨來, 留連數朔. 中間人事變改, 二十一年之間, 少者壯, 壯者老, 老者死, 死者, 墓草已宿, 令人有不堪回首之境. 宿南門外旅店, 翌朝往通度寺, 居僧亦非舊面. 一宿後還良州, 更與主倅話, 小餉, 仍向梵魚寺

步出山門進馬騎　걸어서 산문 나와 말 타고 나아가니,
小僮加策莫嫌遲　소동(小童)은 채찍 때려 더딤을 싫어하지 말라.
不妨緩緩青山去　느릿느릿 청산으로 가는 건 해롭지 않으리니,
爾去無功我有詩　네가 가는 건 공 없어도 나에겐 시가 있다.

387 이 시는 산(刪)이라 기록되어 있다.
388 글자를 판독할 수 없으나 쌍(雙)으로 보아야 할 것 같다.

반재에서 봄날에 최명봉[389]에게 보내주다 泮齋春日, 寄示崔命鳳聖儀沙軒

露梁江水綠如油　노량의 강물은 푸르기가 기름과 같은데,
芳草天涯憶遠遊　방초 있는 천애에서 먼 유람 떠올리네.
茆屋初長山漏響　초가집에선 처음으로 산의 물시계 소리가 길게 울렸고,[390]
藥堦新解木奴裘　약계에선[391] 새로 귤의 갓옷을 벗어 놓았네.
回來天地陽和氣　천지에는 양화[392]의 기운이 돌아오고,
洗盡氷霜震剝愁　얼음과 서리가 아내 잃은 수심[393]을 다 씻누나.
麗景遲遲輕袷出　좋은 경치 느긋한데 가볍게 제사지내고 나오니
不知吾已白渾頭　내가 이미 온통 흰머리인줄 몰랐었네.

을유년(1765) 정월 권항언과 거문고를 휴대하고 백련사에서 유람을 하였다. 이때 흰 눈이 산에 가득해서, 봄이 오히려 이른 것만 같았다. 열흘간 있다가 돌아오는 길에서 권항언의 시운에 차운하다 乙酉正月, 與南白堂權恒彦叔久, 携琴, 作白蓮寺之遊, 時白雪滿山, 春意尚早. 留十日, 還路上, 次叔久韻

白雪松杉地　소나무, 삼나무에 흰 눈 꽉 찬 땅이고,

---

389 최명봉 : 그에 대해서는 신위(申緯)가 지은 「答寄象人崔命鳳」이 있다.
390 낮이 길어졌다는 말이다.
391 약계(藥階) : 중서성의 별칭.
392 양화(陽和) : 화창한 봄날이라는 뜻으로, 어진 정치를 비유적으로 이르는 말.
393 진박(震剝) : 부인상을 당함.

金沙花雨天　금빛 모래에 꽃 비 내리는 하늘이었네.
江山無限事　강과 산은 한계없는 일이고,
甁鉢有生緣　병과 바리때는 생애 있는 인연이네.
石立千年佛　돌이 서 있는 건 천년된 부처이고,
泉鳴太古絃　샘이 우는 건 태고 적의 현악기이네.
寺名心共淨　절 이름에 마음이 함께 깨끗해지니,
淸磬夜無眠　밤에 울리는 경쇠에 잠 못 드노라.

또 권항언의 시운에 차운하다 又次南白堂韻

京城十里豈長程　경성에서 십 리인데, 어찌 먼 여정인지,
及到招提已月明　사찰에 도착하니 이미 달 밝았도다.
天地何妨雙眼放　천지는 어찌 두 눈으로 보는 것을 방해하랴
雲山不碍一笻行　구름 낀 산은 지팡이로 다님을 막지 못하네.
詩愁最喜逢僧話　시를 짓던 시름은 스님의 이야기 만난 것이 가장 기쁘고,
琴韻偏淸供佛聲　거문고의 운율은 부처 공양하는 소리에 유난히 맑네.
王子求仙何處去　왕자교[394]는 신선을 구하러 어디로 떠났나,
古墳衰草不堪情　옛 무덤의 시든 풀에 정을 못 견디겠네.

---

394 왕자교(王子喬) : 주대(周代)의 신선 이름. 주나라 영왕(靈王)의 태자로 이름은 진(晉)이다. 왕(王)의 잘못을 직간(直諫)하다가 폐함을 당하여 서인(庶人)이 되었다. 생황(笙簧)을 불며 흰 학을 타고 구름 속으로 사라졌다 한다.

당률에 차운하다 次唐律韻

九陌非無榭　큰 길에 정자가 없는 것은 아니나,
諸天獨有樓　절[395]에만 홀로 누대가 있네.
王城十里近　왕성이 십 리쯤 가까이 있으니,
吾輩百年遊　우리들 백 년 동안 노니는도다.
白雪僧衣冷　흰 눈에 중의 가사 춥기만 할 것이고,
淸香佛夢幽　맑은 향에 부처는 꿈이 그윽하리라.
此行非負笈　이번의 여행은 책 짐 진 것 아니니[396]
萬事此生休　온갖 일 이 인생(人生)에 쉬게 되었네.

---

395 제천(諸天) : 신이 산다는 여러 하늘이라는 말이나 여기서는 절[寺刹]이라는 뜻으로 쓴 것이다.

396 부급(負笈) : 책 상자를 진다는 뜻으로, 타향으로 공부하러 감을 이르는 말. 여기서는 공부하러 온 것은 아니라는 뜻으로 쓴 말이다.

부록

허필 관련 시문

1. 임희성(任希聖)

1) 허필 만시 15수 중에서 6수를 뽑다 烟客許汝正挽十五首, 選六首

[1]

崑玉荊金擧世珍　곤옥[1]과 형금(荊金)[2]은 온 세상의 보배이듯이,
孔巖名閥又斯人　공암의 명벌(名閥)은 또 이 분이었네.
胸中獨許藏千古　가슴 속에 허공(許公)만이 천고의 일 간직했으니
眉上何曾著一塵　눈썹 위에 티끌 하나 붙인 적이 있었던가.[3]

[2]

烟客聲名世共推　연객의 명성을 사람들 다 추앙하니
詩中有畫畫中詩　시 속엔 그림 있고 그림 속엔 시가 있네.
要探造化無窮境　조화의 무궁한 경지를 탐구하려 한다면,
可是乾坤特異姿　건곤에서 특이한 모습일 뿐이네.

[3]

終南山下弊門扉　종남산 아래의 낡은 사립문인데

---

1 곤옥(崑玉) : 곤륜산(崑崙山)에서 생산되는 아주 좋은 옥으로, 보통 자질이 뛰어난 인재를 가리키는 말로 쓰인다.

2 형금(荊金) : 형산에서 생산되는 금을 가리킨다.

3 이 한 연(聯)의 시구는 허필은 천고(千古)에 달하는 많은 지식을 간직하고 있는 분이라 모든 사리(事理)에 통달하고 있기 때문에 이맛살을 찡그릴 일이 없다는 말이다.

金石歌聲十日饑　금석같은 노랫소리 열흘이나 굶었네.
絶技每誇吾自擅　잘난 기예 나만 독점함을 매번 자랑하노니
放言寧顧衆爭譏　멋대로 말하며 어찌 뭇사람 다투어 조롱함을 돌아보리오.

[4]

夙契尋仙東海東　일찍이 동해의 동쪽에서 신선을 찾기로 합의 했는데,
遐情喜入水雲通　고상(高尙)한 마음은 수운(水雲)에 들어가 통함을 기뻐하노라.
秖今咳唾留餘韻　다만 지금에는 시 짓는 여운이 남아 있으니
永述山川莽曠中　영원히 산천의 망광(莽曠)[4] 속에 있는 걸 지으리라.

[5]

勝氣爭心兩自持　이기려는 기개와 다투려는 마음 둘을 스스로 가져
相逢之處輒言詩　서로 만나는 곳엔 으레 시를 말하네.
未論優劣終殊軌　우열을 논하지 아니하고 끝내 궤도를 달리하여,
猶喜商量得並時　오히려 같은 시대 얻은 것을 기뻐하네.[5]

[6]

欲向殯帷歌此歌　빈소 향해 이 시를 노래 하려고 하니
歌成未寫淚先沱　노래 지어 쓰기 전에 눈물 먼저 쏟아지네.

4　망광(莽曠) : 거칠고 넓다는 뜻이다.
5　같은 시기에 태어난 것을 기뻐한다는 말이다.

從前得句渾殊賞　이전에 시구 얻으면 모두가 특별한 감상거리였는데,
不識今歌更謂何　지금의 노래는 다시 뭐라 할까 알지 못하겠노라.

2) 송서가 허필에게 보여준 운자를 차운하여 지어서 양쪽에 주다

次松西示烟客(許佖汝正號)韻, 兩寄

不必論曾識　일찍이 안 것을 논할 필요 없으니
眞如獲始逢　참으로 처음 만나게 된 것과 같네.
奇探千古字　기이한 탐구는 천고의 글자였고,
淸度五更鍾　맑게 지나가는 오경의 종소리네.
自契冲虛妙　스스로 충허(冲虛)한 묘함과 계합하려 했는데,
終羞冷熱容　마침내 염량(炎凉)한 모습이 부끄럽게 되었네.
誰憐老烟客　누가 가여워 하랴! 늙은 연객이
長臥此蠶峯　길이 이 잠봉[6]에 누워 있는 걸

汝正頗工於字學, 故第三及之. 여정은 자못 자학(字學)을 잘한다. 그러므로 제 3구에 언급하였다.

6　잠봉(蠶峯) : 산 봉우리 이름. 서울의 잠봉은 남산을 가리키며, 지방에도 있는 이름이다.

3) 허필에 대한 제문 祭許汝正佖文

유세차 무자년(戊子年)[7] 여름. 불상(佛像)을 목욕시키는 하루 전날 저녁에 친구인 서하(西河) 임희성(任希聖)은 녹나무를 채취해서 떡을 만들고 생선을 잘라서 회를 만들어 가지고 와서, 연객 허군 여정이 단천(湍阡)으로 대귀(大歸)[8]하는 행차에 전송을 하게 되었으므로 술잔을 권하고 길게 울면서 그와 더불어 영결하노라.

아! 지난 날의 밤에는 꿈에서 그대와 만나기를, 학동(鶴洞)의 물가와 필계(筆溪)의 물가에서 하였노라. (그곳에는) 관현 악기가 시끄럽게 떠들고 술잔이 화창하게 올랐었노다. 그대는 곧 자리에 앉아, 운자를 내게 하여서 크게 시창(詩唱)을 불러, 어수선하게 뒤섞으니 뭇 사람들이 모두 입을 우러러 보았었노라.

이미 깨어나서 놀라니 이것이 꿈인가 생시였던가. 아득하게 먼 저승길에 옛날 놀던 곳은 텅 비어 있었노라. 사람이 죽게 되면, 이 풍류가 서글프기만 한 것이로다.

아! 그대는 평소에 재주가 높았으나 쓰이는 것은 낮았으니, 어디에서 찬란함을 볼 수 있었던가. 한번 시에다 발현(發現)하였노라. 하늘이 그에게 곤궁함을 주었고, 하늘이 또 그에게 한가함을 주었노라. 좋은 때의 좋은 경치는 아름다운 물과 산이어서 문을 나서면 낭만(浪漫)하게 되어 즐거운 것이 길었도다. 운명이 불행하다고 말하지 말

7 무자년(戊子年) : 1768년이다.
8 대귀(大歸) : 근본으로 돌아간다는 뜻으로, 죽음을 이르는 말.

라. 기개가 더러는 날로 창성(昌盛)하였었노라. 화정(華亭)[9]의 해박함과 경릉(竟陵)[10]의 오묘함이었으며, 지산(枝山)[11]의 호탕함과 석전(石田)[12]의 오만함이었노라. 그 사람됨, 그 문사(文辭), 그 글씨, 그 그림. 이것이 하나로 모여서 돌아갔으니 짝을 지을만한 사람이 없었노라.

긴 노래로 통곡을 하니 평지도 평평하지 못하였노라. 마음 속을 누가 헤아릴 수 있으리오. 겉으로 핍박하는 것은 이름이었노라. 깊은 숲과 큰 골짜기에 비바람이 사방에서 몰아치니, 빠른 여울물과 격동하는 여울은 암석에서 서로 싸우면서 질주하니 티끌이 끊어졌었노라. 나는 넘어지고 또 땀이 났으니, 그 사이에 반대로 그대 꾸짖기를 "어찌 이처럼 허탄하게 하느냐"고 했노라. 좋은 말에 수레의 방울은 그대에게 거가(車駕)를 정돈하기를 권하였노라. 그러자 수염을 흔

---

9 화정(華亭) : 명(明)나라 때의 문인이자 서화가인 진계유(陳繼儒, 1558~1639)를 이른다. 그가 화정(華亭) 사람이었기 때문에 이 말을 쓴 것이다. 자는 중순(仲醇). 호는 미공(眉公)이다. 그는 시에 능하고 문장을 잘 지었는데 짧고 깨끗한 소사(小詞)는 비교적 고상하고 아름다운 멋이 있었다. 저서로 『陳眉公集』·『寶顔堂秘笈』 등이 있다.

10 경릉(竟陵) : 명대(明代) 후기 시단의 유파. 종성(鍾惺)·담원춘(譚元春) 등이 대표적 인물이었다. 두 사람이 경릉(竟陵, 호북성 천문) 출신이므로 이렇게 불렀다. 한위(漢魏)의 시풍을 제창하여 그윽하고 초연함을 주지로 삼았으며, 성당의 시풍을 숭상한 왕세정과 이반룡 등에 맞섰다. 그들의 주장은 공안파(公安派)의 주장과 비슷하나 공안파처럼 공소(空疎)한 쪽으로 흐르지는 않았다.

11 지산(枝山) : 축윤명(祝允明, 1460~1526)의 호. 명나라 장주(長州) 사람. 자는 희철(希哲), 호는 지지생(枝指生). 많은 서적을 읽고 더욱 서법에 뛰어나 이름이 해내(海內)를 울렸으며 당인(唐寅)·서정경(徐禎卿)·문징명(文徵明)과 오중(吳中)의 사재자(四才子)로 일컬어졌다. 서실을 회성당(懷星堂)이라 했으며, 저서에 『前聞記』·『九朝野記』·『蘇材小纂』·『集略』·『懷星堂集』 등이 있다.

12 석전(石田) : 심주(沈周, 1427~1509)의 호. 명나라 장주(長洲) 사람으로 자는 계남(啓南). 문은 좌씨(左氏)를 배우고, 시는 백거이(白居易)와 소식(蘇軾)을 배웠으며 글씨는 황정견(黃庭堅)을 배웠다. 특히 그림에 능하여 당인(唐寅)·문징명(文徵明)·구영(仇英)과 더불어 남송 문인화의 주류를 형성했다. 오문파(吳門派)의 영수로서 오문 4대가의 한 사람이다. 시집으로 『石田詩選』이 있다.

들고 혀를 보이면서 “나에게는 그럴 겨를이 없다”고 일렀노라. 무엇이 안이고 무엇이 바깥인지, 두 가지 다 갈 바를 잊었었노라. 아득한 정신으로 교류하는 것을 서로 보고서 껄껄 웃었노라. 시비를 따지면서 수정을 하였으나 마침내는 같이 돌아가게 되었노라. 위 아래로 오랜 세월이 흐를 때까지 나를 어기지 말 것을 기약하였노라. 어디에서 얻을 수 있는 것인가! 그대와 같은 자는 적은 친구였었노라. 갑자기 허물 벗기를 노는 장소가 적막하게 되고 읊는 동아리가 서글프고 처량하게 되었노라. 갈지어다! 편안히 가시어, 그 팔황[13]에서 구할지어다. (그곳은) 죽어도 썩지 않고, 묻어도 묻혀지지 않으리라. 바람에 임해서 눈물을 떨어뜨리노니 나는 지인[14]에 부끄럽노라. 상향.

維歲戊子首夏之浴沸前一夕, 友人西河任希聖採柟成餠, 斫鮮作膾, 來餞烟客許君汝正湍阡大歸之行. 侑觴長嘷, 而與之爲訣曰, 嗚呼! 疇昔之夜, 夢與子迋, 鶴洞之涯, 筆溪之滸, 絲管啁轟, 觥斝騰暢. 子方踞席, 命韻大唱. 紛紜錯落, 衆皆仰口. 旣寤而愕, 是眞也否. 蒼茫幽塗, 寥廓舊遊. 人之云亡, 哀此風流. 噫子平生, 才高用卑. 於何見斑, 壹發諸詩. 天與之竆, 天與之閑. 良時勝景, 美水佳山, 出門漫浪, 爲樂則長. 毋曰命蹇, 氣或日昌. 華亭之博, 竟陵之奧, 枝山之宕, 石田之傲, 其人其辭, 其筆其繪. 會歸于一, 無堪作對. 長歌慟哭, 平地不平. 中焉孰測. 外逼者名. 邃林鉅谷, 風雨四驟. 迅瀨激湍, 巖石

13 팔황(八荒) : 팔방(八方)과 같으니, 여기서는 팔방이 탁 트이게 뜰이 광활하다는 뜻으로 쓴 것이다.

14 지인(至人) : 노장학(老莊學)에서 도덕이 극치에 이른 사람. 덕이 높은 사람이라는 뜻으로, 진인(眞人)과 같은 말이다.

交鬪. 奔軼絶塵, 余僵且汗. 間反誚子, 奚若是誕. 良馬和鑾, 勸爾整駕. 掀髥示舌, 謂予不暇. 誰內誰外, 兩忘所趨. 窅然神契, 相視盧胡. 是非雌黃, 畢竟同歸. 上下千古, 期余莫違. 何處得來, 似子者少. 遽爾脫蛻, 塵物之表. 游場寂寞, 吟社悲凉. 往矣安適, 其求八荒. 有化弗朽, 有埋弗陻. 臨風隕涕, 余愧至人. 尙饗.

2. 서석린[15]

허필에게 주다 與許上舍汝正佖

'동교(東膠)에서 이별하고서 때때로 안부 묻는 것을 받았는데 향교(香橋)에서 한번 이별하고는 도리어 천 리 사이가 되었네. 이후에 서로 생각할 적에는 기러기가 남쪽으로 날아 갔으니 한 편의 시에 기러기가 남쪽으로 날고 북쪽으로 날았네'라고 한 시를 지은 것이 이미 12년이 흘렀습니다. (그런데) 아직도 하나의 글자로 성대한 뜻에 받들어 부합한 적이 없었으니 사사로이 서글프고 한스럽게 여겨집니다. 현재 가을철에 여러 가지로 편안하게[16] 지내고 계시겠지요.

평소에 그대는 우환 속에 적막한 사람이 아니라는 것을 알고 있습

15 서석린(徐錫麟, 1710~1765) : 조선 후기의 학자. 시문집이 있다. 본관은 이천(李川). 자는 몽응(夢膺)이고, 호는 수오(睡聱)이다. 문집으로 『睡聱先生文集』이 있다.

16 계거(啓居) : 집에서 편안하게 지냄. 계처(啓處)라고도 한다.

니다. 지금 세상에 사람을 성대하게 얻고 있는 것이 곧바로 동파(東坡)와 함께 서로 겨루게만 하시니, 호산(湖山)에서 맑게 살아가는 복이 응당 철애도인(鐵厓道人)[17]보다 많이 사양하지는 않을 것입니다. 그 소식과 편지 사이에서 정을 기울여 즐거움을 행하여 삼월 삼일 날의 좋은 광경 아닌 것이 없을 것이니 그를 위하여 기쁜 마음으로 하례합니다. 석린(錫麟)[18]은 바다 모퉁이에 유리(流離)되어 거듭 상란(喪亂)을 당하였으며, 또 아직 곤궁한 굶주림에 빠져서 세상사는 경황이 전혀 없습니다. 그러나 다행히도 현명한 수령을 만나서 창고의 곡식을 꺼내어 도와주었기 때문에 급한 사정을 주선할 수 있게 되어 남은 목숨을 보존하고 있습니다. 때로는 누워자는 방으로 들어가 촛불을 잡고 문장을 의논하기도 하거니와 말이 종남산의 풍월에 언급하게 되면 갑절이나 사람들로 하여금 신선 중의 사람이라고 우러르게 됩니다. 곧바로 홍상사 편에 한 통의 서신을 삼가 닦아서 명백(明白)하지 못한 말씀을 전합니다.

東膠別來時承惠, 香橋一別還千里, 他日相思南雁飛, 一詩雁南而北飛者, 已十二春, 尙無一字書奉副盛意, 私庸悵恨, 目今秋令, 啓居萬相, 素知足下非憂患中寂寂人, 當世得人之盛, 直與東坡相抗衡, 湖山淸福, 未應多讓於鐵厓道人, 其聲墨間, 放情行樂, 無非三月三好光景, 爲之抃賀, 錫麟流離海曲, 荐遭喪亂, 且汩窮餓, 了無世況, 幸得賢使君, 指囷周急, 獲保殘喘, 時入偃室, 秉燭論文, 語及終南風

17 철애도인(鐵厓道人) : 미상.

18 석린(錫麟) : 이 편지를 쓰는 사람 자신의 이름이다. 옛날 사람들은 자신을 말할 때 이름으로 표기하는 것을 통상적으로 썼다.

月, 倍令人懷仰, 神仙中人, 卽因洪上舍便, 謹修一書, 傳此忞忞.

3. 이용휴(李用休)

1) 허필 만시 許烟客汝正輓, 名佖字汝正 8수

[1]

朓因爲朏還	그믐달이 초사흘달 되어서 돌아오고
汐又作潮還	석수(汐水)는 조수(潮水)되어 돌아오는데
惟人異於是	사람만은 이와 달라서
魂去不復還	넋이 가면 다시는 못 돌아오네.

[2]

刀折利不留	칼이 부러지면 예리함 남지 않고
火滅光不留	불이 꺼지면 빛이 남지 않는데
惟人異於是	오직 사람만은 이와 달라서
身沒名則留	몸은 죽어도 이름은 남네.

[3]

孔嵒村主孫	공암[19] 마을의 주손(主孫)으로서
見識獨超曠	식견이 유독 높고 넓었었는데

一篇生壙誌　　한 편의 생광지(生壙誌)는
能破千劫障　　영원한 장애를 깨뜨리었네.

[4]

其詩似其人　　그의 시는 그 사람과 같아서
眞極時露奇　　진실이 지극할 때 기이함 드러났고
其書與其畵　　그의 글씨와 그의 그림은
又皆似其詩　　또 모두가 그의 시와 같았네.

[5]

弱如不勝衣　　허약하여 입은 옷이 힘겨울 것 같아도[20]
勇乃萬夫敵　　용기는 만 사람을 대적할 만했으니
意決從坐起　　마음이 결정되면 자리에서 일어나
直上金剛脊　　곧바로 금강산 등마루를 올랐네.

[6]

堂前有朱柰　　대청 앞엔 붉은 능금나무가 있어
花開每成會　　꽃 피면 언제나 모임 가졌었는데
樹已成朽株　　나무도 이미 썩은 등걸 됐는데

---

19 공암(孔嵒) : 경기도 양천군의 옛 이름. 지금의 서울 강서구 가양동 일대에 해당한다. 공암에는 양천허씨(陽川許氏)의 시조가 태어났다는 바위굴이 있다.

20 불승의(不勝衣) : 입은 옷의 무게를 이기지 못할 정도로 몸이 매우 쇠약해진 것을 형용하는 말이다. 『荀子』「非相」에 "葉公子高微小短瘠, 行若將不勝其衣"라 되어 있다.

而況血肉軀	하물며 혈육으로 되어 있는 몸이랴.

[7]

熟銅爲烟具	정련된 동으로 만든 담뱃대[21]
奇木爲拄杖	기이한 나무로 만든 지팡이
孝子不死親	효자가 어버이 살아계신 듯
陳設生時象	생시의 모습대로 진열하였네.[22]

[8]

破壁蝛蝓過	무너진 벽으로 달팽이 지나가고
空庭鵠鵴下	빈 뜰에는 뻐꾸기가 내려오건만
無人識余悲	나의 슬픔 알아주는 사람 없는데
窓眼夕陽射	창 틈으로 석양만이 쏘아대누나.

2) 허필에 대한 생지명(生誌銘) 許烟客生誌銘

허연객(許烟客)은 이름이 필(佖)이며, 여정(汝正)은 그의 자이니, 공암(孔巖)의 세가(世家)이다. 연객은 젊어서부터 맑고 슬기로웠으며 모

21 허필은 대단한 애연가로 알려져 있다. 그의 호 연객도 그래서 나온 것이다.

22 생시의 모습대로 진설하다[陳設生時象] : 사람이 죽어서 장례를 치르면 신주(神主)를 받들고 집으로 돌아와 궤연(几筵)을 설치하여 봉안하고 죽은 사람의 일용품을 그곳에 설치하여 놓는 일을 말한다. 그리고 대상(大祥)때까지 아침 저녁으로 먹을 음식을 차려 올렸는데 이를 조석상식(朝夕上食)이라 한다.

습과 거지(擧止)가 넉넉하였고, 성품은 온화하면서도 분명하고, 편안하면서도 꼿꼿하였다. 남과 함께 웃는 말을 하면 음성과 기상이 즐거워할 만하여 좋게 여기지 않는 이가 없었다. 그 형인 일(佾, 자가 子象이다)과는 기미(氣味)를 같이 하여 마치 한 몸인 것 같았다. 그러나 자상은 『주역』 읽기를 좋아했고, 연객은 시 읊기를 즐겼으니, 이것이 다른 점이다. 또 서예(書藝)에 재능이 많아 전서(篆書)와 예서(隸書)를 잘 썼고, 겸하여 사황육법(史皇六法)을 통하였으나, 마침내 그 배움을 마치지는 않고 말하기를 "이것은 사람을 얽매이게 하니, 나를 한갓 수고롭게 할 뿐이다"라고 했다.

집이 가난하여 뒤주가 자주 비었으나 태연한 기색이었다. 이따금 옛 기물이나 좋은 칼 따위를 만나면 곧바로 옷을 벗어 주고 그것과 바꾸었다. 남들이 그가 세상 물정 모르는 것을 비웃으면 말하기를 "나 같은 사람이 물정을 모르지 않으면 누가 물정을 모르는 사람이 되겠는가!"라고 했다. 뜨락에 해묵은 녹나무가 있었으며, 계단에는 예쁜 국화를 줄지어 심어두고 그 사이를 소요하면서 세상사는 묻지 않았다. 항상 말하기를 "내가 밖에서 집안일을 돌보지 않는 것은 아내 김씨가 있기 때문이고, 안에서 바깥 일을 돌보지 않는 것은 아들 점(霑)이 있기 때문이다"라고 하였다. 아내가 죽자 다시 결혼하지 않고, 집안일은 모두 다 점(霑)에게 맡기었다.

연객은 명릉(明陵) 기축년(1709, 숙종 35)에 태어났다. 27세 때 진사가 되었는데, 올해 53세이다. 문득 내게 말하기를 "내가 다행히 자네와 함께 한 세상에서 살고 또 자네와 친하다. 내가 죽으면 점(霑)은 반드시 내 죽음을 가지고 자네를 번거롭게 할 터인데 죽어서 저승에서 자네를 번거롭게 하는 것보다는 어찌 살아서 이승에서 자네를 번거롭게 하는 것만 하겠는가?"라고 하기에 내가 그 뜻에 감동하여서 드디어 지명(誌銘)을 지어 이를 고한다. 명(銘)에 이른다.

"여름 이후로는 점차 음(陰)에 속하게 되고, 오시(午時) 이후로는 점차 저녁에 속하게 되며, 중년 이후에는 점차 죽음에 속하게 된다. 연객이 이를 알아 미리 이 일을 계획했기에 내가 연객에게 고하노라. 통달한 것 같지만 통달하지는 못했으나, 오히려 누(累)는 알고 있도다. 옛날은 가고 지금이 돌아옴은 그대의 나이이고, 아름다운 산과 좋은 물은 그대의 거처로다. 이[齒]가 있고 머리털이 자란 것은 그대의 권속(眷屬)이요, 슬픔과 기쁨, 불행과 행복은 그대의 이력이로다. 이용휴가 이 명을 짓고, 강세황(姜世晃)이 글씨를 썼으니 이것은 그대의 죽지 않음이로다."

許烟客名佖, 汝正其字, 孔巖世家也. 烟客少淸姸, 饒姿止, 性和而辨, 易而立. 與人談諧, 聲氣可樂, 人無勿善之也. 與其兄佾子象, 同氣味, 若一身也. 然子象好讀易, 烟客喜吟詩, 此其異也. 又多藝, 善篆隷, 兼通史皇六法, 然不竟其學, 曰: "是人役, 徒勞我耳." 家貧屢空, 而有泰色. 或遇古器若良劒, 卽解衣易之. 人笑其迂, 曰: "我不迂, 誰當迂者?" 庭有古楠, 階列佳菊, 逍遙其間, 不問世事. 常曰: "吾外不內顧者, 爲有妻金也; 內不外顧者, 爲有子霱也." 妻亡不再耦, 盡以家屬霱. 烟客以明陵己丑生, 二十七成進士, 今年五十三. 忽謂余曰: "吾幸與子幷世, 而又善子, 我死, 霱必以幽累子, 如其死而幽累子, 曷若生而明累子?" 余感其意, 遂誌而詔之. 銘曰: "自夏而后, 漸屬之陰; 自午而后, 漸屬之暮. 自中身而后, 漸屬之幽. 烟客知之,豫爲之謀. 余告烟客, 似達未達, 猶爲識累. 往古來今, 子之年也; 佳山好水, 子之居也; 含齒戴髮, 子之眷也; 悲懽否泰, 子之歷履也. 李氏爲之銘, 而姜氏書之, 是子之不死也."

*『병세집(幷世集)』에 실려있는 글이다.

4. 이중해(李重海)[23]

허필 만시 輓許烟客佖

却從詩筆證丹鉛　도리어 시필 따라 단연[24]을 증명할 것이니
生澁人看沈石田　생삽함에도 사람들 심석전(沈周, 1427~1509)을 보게 되네.
斗帳複廊皆面水　두장과 복랑은 모두 물에 향해 있으니
丁香花落蔓藤纒　정향[25]은 꽃이 지고 만등이 얽히었네.

*『병세집(幷世集)』에 실려있는 글이다.

---

23 이중해(李重海) : 본관은 전주(全州)이고 자는 윤보(潤甫). 아버지는 이현상(李鉉相)이고 조부는 이시형(李時亨)이며, 처부(妻父)는 홍계오(洪啓五)이다. 1746년 알성시(謁聖試)에 합격했다.

24 단연(丹鉛) : 여기서는 잘못된 문장을 수정할 때 쓰는 단사(丹沙)와 연분(鉛粉)을 이르며, 전의(轉意)되어 서적의 교열이라는 뜻으로 쓰기도 한다.

25 정향(丁香) : 청향나무의 꽃봉오리. 성질이 덥고 독이 없음.

5. 강세황

허필의 「금강도」에 쓰다 題許烟客金剛圖

죽은 벗 여정 허필은 사람됨이 온화하고 편안하였으나 또한 강직하고 올곧기도 했다. 지금 그가 그린 「금강도」를 보니 필치가 부드럽고 고우나 또한 골력(骨力)이 있어서 깎아지른 듯 우뚝한 운치를 깊이 이루었으니 대체로 그 사람됨과 비슷하다 하겠다. 성현(誠懸) 유공권(柳公權)[26]이 '마음이 올바르면 붓이 바르다'고 한 것이 어찌 글씨뿐이겠는가? 늘그막에 그림을 만지니 완연히 벗과 얼굴을 맞대고 담소를 나누는 것 같아, 흐르는 눈물을 금할 수 없다.

亡友許汝正, 爲人愷[27]悌樂易, 然亦有剛方峭直者. 今覽其所畫金剛圖, 筆勢柔軟嫩媚, 又有骨力, 深得峭刻聳拔之致, 大類其人. 柳誠懸所謂'心正筆正'者, 奚獨書也. 白首垂死, 摩挲粉墨, 宛然對眉宇, 接談笑, 不禁涕泗之橫集也.

---

26 유공권(柳公權, 778~865) : 당나라 때의 서예가. 자는 성현(誠懸)이다. 관직은 태자소사(太子少師)에까지 이르렀으며, 해서(楷書)에 특히 뛰어났다. 주로 안진경(顔眞卿)을 본받았으며, 구양순(歐陽詢)과 설요(薛曜)에게서도 영향을 많이 받았다. 왕희지체를 비롯한 여러 서체를 두루 익혀 힘이 있으면서도 아름다운 서체를 만들어 냄으로써 서예가로서 일가를 이루었다. 목종(穆宗, 820~823)이 붓놀림에 대해 질문하자 "붓 사용은 마음에 달려있으니, 마음이 바르면 붓이 바릅니다[用筆在心, 心正則筆正]"라고 대답했다 한다.

27 『표암집』에서는 개(愷) 대신에 기(豈)라 썼다. 문맥상 전자가 옳다.

6. 이덕무

어떤 사람이 관아재(觀我齋) 조영석(趙榮祏)이 그린 동국풍속도(東國風俗圖)를 수집해 그대로 그린 것이 70여 첩(帖)이나 되었는데 연객(煙客) 허필(許佖)이 상말로 평(評)했다. 세 여자가 재봉(裁縫)하는 그림에 쓴 것은,

一女剪刀　한 여인은 가위질하고
一女貼囊　한 여인은 주머니 접고
一女縫裳　한 여인은 치마 깁는데
三女爲姦　세 여인이 간사하여서
可反沙碟　접시를 뒤엎을 만하다
하였고, 의녀도(醫女圖)에 쓴 것은,

天桃高髻木魚鬢　천도 같은 높은 상투, 목어같은 귀밑털
紫的回裝草綠衣　붉은 회장 초록 저고리에
應向壁藏新買宅　벽장동을 향해서 새로 집을 샀으리.
誰家今夜夜遊歸　뉘 집에서 오늘밤에 밤놀이할까?
했는데, 기생집이 벽장동에 많기 때문이라 했다.

有人輯摹趙觀我齋榮祏所畵東國風俗, 凡七十餘帖, 許烟客佖, 以俚諺評之. 其題三女裁縫曰, 一女剪刀, 一女貼囊. 一女縫裳, 三女爲姦, 可反沙碟. 其題醫女曰, 天桃高髻木魚鬢, 紫的回裝草綠衣. 應向壁藏新買宅,誰家今夜夜遊歸, 妓女多家壁藏洞故云.

*『이목구심서(耳目口心書)』[28]에 실려있는 글이다.

7. 정약용

겨울에 권순의 백수정에서 여러 분들과 함께 모여 (이때 사륙문을 지었었다. 정자는 마포(麻浦)에 있었는데, 12월이었다)

冬日權純百水亭同諸公集 (時作四六, 亭在麻浦, 十二月也)

權公水邊榭　권공의 물가에 있는 정자는
可以度三餘　삼여의 시간을 보낼 만 하네.
雪岸飛朱鷺　눈 내린 기슭에는 붉은 물새가 날고
氷潭聚白魚　언 못엔 흰 고기가 모여 있구나.
靜評煙客畫　조용히 연객 그림 품평을 하고
閑批豹菴書　한가히 표암 글씨 비평하였네.
旅游殊未倦　객지 생활 그다지 안 지쳤으니
淸僻勝吾廬　고향의 내 집보다 맑고 외지네.

---

28 고전번역원 번역 참조.

8. 신광수

1) 또 허필에게 주다 又贈汝正

欲歸愁未歸　돌아가려 해도 근심으로 못 돌아갔으니,
歸日更依依　돌아갈 날이 더욱 아득하구나.
爲客多岐路　나그네 되니 갈랫길이 많으며,
無妻兩布衣　아내 없는 두 사람의 포의이도다.
白頭心事在　흰 머리는 심사(心事)가 있는데,
青眼友生稀　반가운 눈으로 볼 친구 드무네.
一馬江湖外　한 마리 말로 가는 강호의 밖에,
思君暮雪飛　그대를 생각할 제 저물녘 눈이 날리었네.

2) 허필에게 부치다 寄許汝正

終南最深洞　종남산의 가장 깊은 동네에,
別路枉過君　이별 길에 왕림하여 찾아온 그대였네.
垂老情相近　늘그막에 정이 서로 가까웁고,
臨行面失分　길 떠남에 임해서 얼굴을 갈려서 잃게 되었네.
柴門當落日　사립문이 지는 해에 당했으니,
孝子哭寒雲　효자가 찬 구름에 곡을 하누나.
湖外還家淚　호외에 집으로 돌아가는 눈물은,

新添雪裏墳　새로이 눈 속에 있는 무덤에 더해지네.

3) 또 허필에게 부치다 又寄許烟客 佖

嗟君亦是白頭翁　아! 그대 또한 흰 머리 늙은이가 되었는데,
知己難逢此世中　지기(知己)를 세상 안에선 만나기 어려웠네.
貯得人生三副淚　인생은 삼부의 눈물을 쌓아뒀으나,
不如抛盡笑春風　다 던져버리고 봄바람에 웃는 것만 같지 못하리.

|찾|아|보|기|

|인명|

|서명 · 작품명|

기타용어 · 지명